Gustav Meyer

Kurzgefasste albanesische Grammatik

mit Lesestücken und Glossar

Gustav Meyer

Kurzgefasste albanesische Grammatik
mit Lesestücken und Glossar

ISBN/EAN: 9783744641456

Hergestellt in Europa, USA, Kanada, Australien, Japan

Cover: Foto ©Paul-Georg Meister /pixelio.de

Weitere Bücher finden Sie auf **www.hansebooks.com**

KURZGEFASSTE
ALBANESISCHE GRAMMATIK

MIT

LESESTÜCKEN UND GLOSSAR

VON

GUSTAV MEYER.

LEIPZIG
DRUCK UND VERLAG VON BREITKOPF & HÄRTEL
1888.

HUGO SCHUCHARDT

FREUNDSCHAFTLICHST ZUGEEIGNET.

Das vorliegende kleine Buch ist zunächst in's Leben gerufen worden durch das Missbehagen, welches die letzte ungenügende Darstellung des Albanesischen in mir erzeugt hat. Es schien mir angemessen, denjenigen, welche eine Kenntniss von dieser Sprache erwerben wollten, ein zuverlässigeres und brauchbareres Hilfsmittel in die Hand zu geben. Dasselbe umfasst eine kurze Grammatik, einige Lesestücke und ein zu letzteren gehöriges Glossar.

Die Grammatik ist so knapp als möglich gehalten worden. Sie beschränkt sich auf Angabe von Thatsächlichem, das allerdings wissenschaftlich anzuordnen versucht wurde. Eine comparative Erklärung der Spracherscheinungen ist nur in seltenen Fällen angedeutet worden; einigemale sind etymologische Gleichungen beigefügt, was wenig Raum wegnimmt und doch das fremdartige näher bringt. Das Hauptgewicht liegt auf der Darstellung der sogenannten Formenlehre, in welche indessen manche syntaktische Bemerkung eingefügt worden ist. Die wenigen und kurzen Bemerkungen am Anfange (§ 1—21) können natürlich nicht für eine Lautlehre gelten, die in der von mir für die »Sammlung indogermanischer Grammatiken« vorbereiteten Darstellung des Albanesischen genügend zu ihrem Rechte kommen wird. Unterdessen habe ich die Lautverhältnisse der lateinischen und romanischen Elemente im Albanesischen in Groeber's

Grundriss der romanischen Philologie zwar ebenfalls knapp, aber doch vorläufig ausreichend dargestellt.

Zu Grunde gelegt ist das nördliche Toskisch, wie es etwa von El'basan bis südlich nach Frašeri hin gesprochen wird. Gelegentlich sind, namentlich in der Darstellung des Verbums, besonders hervorstechende Erscheinungen anderer toskischer Mundarten berücksichtigt worden, seltener solche des Gegischen, fast gar nicht die des griechischen und italienischen Albanesisch. Auch hier bleibt alles der ausführlicheren Grammatik vorbehalten.

Ich lasse hier eine Zusammenstellung der bisherigen grammatischen Bearbeitungen des Albanesischen folgen.

1) **Für das Gegische**, wobei fast nur der Dialekt von Scutari berücksichtigt worden ist:

Lecce: Osservazioni grammaticali nella lingua albanese. Rom 1716. 228 Ss. 4. Auszüge aus diesem Buche finden sich in Vater, Vergleichungstafeln der europäischen Stammsprachen (Halle 1822), S. 133—174, und in Broughton, Travels in Albania and other provinces of Turkey in 1809 and 1810 (new edition, London 1858), II. 414—433.

Rossi da Montalto: Regole grammaticali della lingua albanese. Rom 1866. 350 Ss. 8. Beruht durchaus auf Lecce.

Jungg: Elementi grammaticali della lingua albanese. Scutari d'Albania 1881. 112 Ss. 8. Darauf beruht Jarnik, zur albanischen Sprachenkunde, Leipzig 1881, S. 22—48.

P. W.: Grammaire albanaise. London, Trübner 1887. 169 Ss. S.

2) **Für das Toskische:**

Leake: Researches in Greece. London 1814. S. 263—288.

v. Xylander: Die Sprache der Albanesen oder Schkipetaren. Frankfurt am Main 1835. S. 1—83.

v. Hahn: Albanesische Studien. Jena 1854. Zweites Heft, S. 1—104.

Dozon: Manuel de la langue chkipe ou albanaise. Paris 1879.

$XPI\Sigma TO\Phi OPI\Delta H\Sigma$, $\Gamma\rho\alpha\mu\mu\alpha\tau\iota\kappa\dot{\eta}$ $\tau\tilde{\eta}\varsigma$ $\dot{\alpha}\lambda\beta\alpha\nu\iota\kappa\tilde{\eta}\varsigma$ $\gamma\lambda\omega\sigma\sigma\eta\varsigma$ $\kappa\alpha\tau\dot{\alpha}$ $\tau\dot{\eta}\nu$ $\tau o\sigma\kappa\iota\kappa\dot{\eta}\nu$ $\delta\iota\dot{\alpha}\lambda\varepsilon\kappa\tau o\nu$. Konstantinopel 1882. 165 Ss. 8.

S. H. F.: škronétore e gúhese škip. Bukurešt 1886. 133 Ss. 8.

3) Für das griechische Albanesisch:
Reinhold: Noctes pelasgicae. Athen 1855. S. 1—40 und dazu die autographierte Fortsetzung (Athen 1856) S. 41—71.

4) Für das calabrische Albanesisch:
Giuseppe de Rada: Grammatica della lingua albanese. Firenze 1870. 95 Ss. 8.

Die in der zweiten Abtheilung des Buches mitgetheilten Texte bilden in gewissem Sinne eine Ergänzung der grammatischen Darstellung. Ich habe hier einige Proben aus den verschiedenen Hauptmundarten des Albanesischen zusammengestellt. Der grösste Theil derselben erscheint hier zum ersten Male gedruckt.

Die drei Märchen, welche den Anfang bilden, stammen ebenso wie die am Schluss mitgetheilten Hochzeitslieder aus Korytsá, albanesisch Kortše. Ich verdanke sie der gütigen Mittheilung des Herrn E. Mitkos in Beni-Suef in Ägypten, der aus Korytsa herstammt. Es ist derselbe, welcher im Jahre 1878 die Ἀλβανική Μέλισσα herausgegeben hat, eine sehr reichhaltige Sammlung albanesischer Volkslieder, Märchen und Sprichwörter, aus der ich die Märchen im 12. Bande des Archivs für Literaturgeschichte übersetzt habe. Er besitzt eine umfangreiche handschriftliche Sammlung von Liedern und Märchen und bemüht sich seit längerer Zeit vergeblich um deren Veröffentlichung. Die drei hier abgedruckten Märchen enthalten in ihrem Inhalte nichts wesentlich neues. Das erste — 'Streit zwischen zwei Schwestern' — ist die bekannte Geschichte von dem hässlichen Mädchen, das von seiner Mutter an die Stelle der schöneren Cousine, die ausserdem wunderbare Gaben besitzt (aus ihren Haaren fallen beim Kämmen Diamanten, aus ihren Augen beim Weinen Perlen, auf ihren Wangen spriessen beim Lachen Rosen), geschoben wird; die Wahrheit kommt schliesslich glänzend an den Tag. Das zweite ist eine Version der Erzählung von den drei Rathschlägen. Reinhold Köhler hat in seiner Anmerkung zu den sicilianischen Märchen von

Laura Gonzenbach II. 252 darüber Zusammenstellungen gemacht, denen etwa noch Gesta Romanorum 103, das litauische Märchen bei Schleicher S. 39 der deutschen Übersetzung, das griechische bei Jean Pio S. 222 und Krauss Südslavische Märchen I No. 68 hinzuzufügen sind. Die in dem vorliegenden albanesischen Märchen dem Helden verkauften (und zwar billiger als sonst — um drei Piaster!) Rathschläge kommen meines Wissens in den anderen bekannten Versionen nicht vor; sie lauten: 1) gehe nie durch einen reissenden Fluss; 2) lasse deine Frau nie in der Hand fremder Leute; 3) lasse dein Ackervieh nie in fremder Hand. Der Held befolgt leider nur den ersten Rath und wird beim zweiten und dritten erst durch Schaden klug. Das dritte, welches am Schluss fragmentarisch ist und auch in seinem Innern einige lediglich rudimentäre Züge aufweist, trägt den Titel »der Grindkopf«. Es verbindet Motive dieses verbreiteten Märchens (vgl. Köhler im Jahrbuch für romanische und englische Literatur VIII. 256 und im Archiv für slavische Philologie II. 619) mit demjenigen, welches mit dem Raube kostbarer Früchte durch ein Ungeheuer beginnt, welches von dem jüngsten von drei Brüdern unter die Erde verfolgt wird. Dort befreit er nicht nur die drei üblichen Schönen, sondern noch eine vierte, eine Königstochter, die durch das Loos getroffen jener Lamia ausgeliefert werden muss. Die Brüder lassen ihn, nachdem sie die drei Mädchen heraufgezogen, unten, er wird aber von einem Adler, dessen Dank er sich verdient, an die Oberwelt getragen. Dort verdingt er sich bei einem Silberarbeiter und hilft diesem aus der Noth, als der König demselben die Anfertigung eines wunderbaren Spinnrockens für eine seiner Schwiegertöchter aufträgt. Bei den Kampfspielen zur Feier der Hochzeit geht er als Sieger hervor, indem er mit Hilfe einer Zauberstute am höchsten springt, verschwindet aber wieder unerkannt. Damit endet das Fragment, dessen Schluss nach den bekannten Versionen nicht schwer zu ergänzen ist. Man vergleiche besonders noch Gonzenbach

No. 61. 64 mit Köhler's Anmerkungen, Köhler zum zweiten von Schiefner's Awarischen Märchen, von Hahn Griechische und albanesische Märchen No. 70, Legrand Contes populaires grecs S. 191, Dozon Manuel de la langue chkipe S. 33 No. VI, Miklosich Mundarten und Wanderungen der Zigeuner IV. 16, Katona in den Ethnologischen Mittheilungen aus Ungarn I (1888) S. 170.

Von den drei mitgetheilten Übersetzungen der Parabel vom verlorenen Sohne sind die beiden ersten der toskischen und der gegischen Übersetzung des neuen Testaments entnommen, welche Kristoforidhis im Auftrage der englischen Bibelgesellschaft verfasst hat: *Ḑiata e rē e zotit eḑé špetimtarit tenε Jisu-Krištit, keϑüere prej grekištese vietεrε škip ndε gluhε toskerište*, Konstantinopel 1879, und *Ḑiata e rē e zotit eḑé šelbúesit t ünε Jesu-Krištit, keϑüem prei grekištese vieter škip ndε guhε gegenište*, Konstantinopel 1872. Die calabrische Version ist vor einiger Zeit von Herrn Angelo Nociti in Spezzano Albanese auf meine Bitte angefertigt worden.

Von der kurzen Erzählung vom Hauptmann von Kapernaum aus dem Matthäusevangelium habe ich sechs verschiedene Fassungen mitgetheilt. Der gegischen, welche wiederum der eben erwähnten Übersetzung von Kristoforidhis entnommen ist, in welcher der Verfasser eine Art gegischer Schriftsprache zu schaffen versucht hat und die daher nicht als der getreue Ausdruck irgend einer nordalbanischen Volksmundart gelten kann, habe ich die Übertragung in den Dialekt von Scutari oder Škodra gegenübergestellt, welche der von Rossi auf Veranlassung des Prinzen Bonaparte abgefassten Übersetzung des Matthäusevangeliums entstammt (Il vangelo di S. Matteo, tradotto dalla volgata nel dialetto albanese ghego scutarino, dal P. Francesco Rossi da Montalto, London 1870). Den beiden andern vom Prinzen Bonaparte veranlassten und herausgegebenen Matthäusübersetzungen in zwei Dialekte des calabrischen und des sicilianischen Albanesisch sind die Versionen in den Mundarten von Frascineto und von Piana dei Greci entnommen: Il vangelo di S. Matteo, tradotto dal testo greco nel dialetto albanese di Piana de' Greci in Sicilia da un nativo di questo luogo, London 1868, und Il vangelo di S. Matteo, tradotto dal testo greco nel dialetto calabroalbanese di Frascineto dal Sig. Vincenzo Dorsa, London 1869. Die toskische Fassung stammt aus Τὸ κατὰ Ματθαῖον Εὐαγγέλιον τοῦ κυρίου καὶ σωτῆρος ἡμῶν Ἰησοῦ Χριστοῦ, δίγλωττον ἁπλο-ελληνικὸν καὶ ἀλβανητικόν, Corfu 1824, einem Büchlein, das älter ist, als die Übersetzung des ganzen neuen Testaments, Corfu 1827, welche Xylander benutzt hat. Die griechische Version endlich im Dialekt der Insel Poros stammt aus dem in meinem Besitz befindlichen albanologischen Nachlass des Dr. Reinhold, des Verfassers der Noctes pelasgicae. Die Orthographie der bereits gedruckten Texte ist in die von mir befolgte Schreibung umgesetzt worden.

Die Hochzeitslieder aus Korytsa, die, wie schon bemerkt, ebenfalls von Herrn Mitkos stammen, mögen als Ergänzung derjenigen betrachtet werden, welche auf S. 59 ff. der Ἀλβανικὴ Μέλισσα mitgetheilt sind. Aus andern Gegenden finden sich solche Hochzeitslieder bei Dozon Manuel S. 132 ff. (aus Permét), bei Jubany Raccolta di canti popolari e rapsodie di poemi albanesi, Triest 1871, S. 106 ff. (aus Nordalbanien), bei de Rada Rapsodie d'un poema albanese, Firenze 1866, S. 54 ff., neu herausgegeben in der als Beilage zu der Zeitschrift *Fiamuri Arbërit* erschienenen Biblioteca albanese S. 22 ff. (aus Calabrien). Die Hochzeitsgebräuche der Albanesen sind mehrfach geschildert worden: von Hahn S. 143 ff. der Albanesischen Studien, von Dozon in seinem Manuel (eine italienische Übersetzung dieses albanesischen Textes hat Herr Moratti in den Nummern vom 7. bis 9. Juni 1881 der Avanguardia in Palermo veröffentlicht), speciell die der italienischen Albanesen von Cesare Lombroso in der Rivista contemporanea vom December 1863, von Raffaele Parisi in der Rivista europea Bd. XXIII 423 ff., XXIV 544 ff. (1881), von Caterina

Pigorini-Beri in der Nuova Antologia vom 15. August 1883; von Silvagni ebenda 1. März 1887; eine ältere Schrift von Cesare Marini Rito nuziale presso gli Albanesi ist mir nicht zugänglich gewesen.

Über das Glossar habe ich wenig zu bemerken. Es umfasst bloss die in den Texten vorkommenden Worte. Wo mir die Etymologie gesichert schien, habe ich sie beigesetzt, sowohl bei Erb- als auch bei Lehnwörtern. Aufstellungen, welche zu ihrer Begründung eine längere Auseinandersetzung gebraucht hätten, habe ich an dieser Stelle unterdrücken zu sollen geglaubt.

Einem Freunde, dessen reiche Sprachkenntnisse mir im Verlaufe meiner albanesischen Studien vielfach die grösste Förderung geboten haben und die ich, dank unserm nachbarlichen Zusammenleben, so oft als ich nur will in Anspruch nehmen kann, habe ich durch die Zueignung dieser Schrift meinen Dank auszudrücken versucht. Aber noch einen andern Dank möchte ich an dieser Stelle aussprechen, nämlich dem österreichischen Unterrichtsministerium, welches bereits mehrfach in liberalster Weise meine Reisen zu den Albanesen der Balkan- und der Apenninenhalbinsel gefördert hat.

Graz, im März 1888.

Gustav Meyer.

Inhalt.

	Seite.
Grammatik	1—53.
Laute. § 1—21	3—7.
Substantiva. § 22—46	7—16.
Artikel. § 47—49	16—17.
Adjectiva. § 50—56	17—20.
Zahlwörter. § 59—63	21—23.
Pronomina. § 64—78	23—29.
Verba. § 79—132	29—51.
Praepositionen. § 133—134	51—53.
Conjunctionen. § 135	53.
Lesestücke	55—77.
Drei toskische Märchen	57—67.
Parabel vom verlornen Sohne	68—71.
Ev. Matth. VIII, 5—13	71—74.
Hochzeitslieder aus Korytsa	75—77.
Glossar	79—105.

GRAMMATIK.

Laute.

Übersicht der Laute.

1. *a)* Vocale: *a e i o u ü ε.*
   b) Diphthonge: *ai ei oi ui üi εi*
                    ie üe ua (ue)
   c) Liquidae: *r r̄, l l' ḷ.*
   d) Verschlusslaute: *k g*
                         k̓ g̓
                         t d
                         p b
   e) Spiranten: *h*
                  j̓
               š ž
               s z
               ϑ δ
               f v
   f) Zusammengesetzte Laute: *ts dz*
                                   tš dž

Anm. Im italienischen und griechischen Albanesisch kommen die Laute des griech. χ vor dunklen und vor hellen (χ´) Vocalen so wie das velare griechische γ vor dunklen Vocalen vor.

Vocale und Diphthonge.

2. Die Länge der Vocale wird durch einen darüber gesetzten Strich bezeichnet: *ā* u. s. w. Im Gegischen kommen alle Vocale (ausser ε) auch nasaliert vor: *ą* u. s. w., einige auch im calabrischen Albanesisch. Langes *ē* und *ō* sind meist geschlossen, kurzes *e* und *o* meist offen zu sprechen.

3. ε bezeichnet den sogenannten 'unbestimmten Vocal', einen Laut wie etwa in englisch *but*. Er kommt ebenfalls lang vor und klingt dann wie ein stark geschlossenes langes *ö*. Im Auslaute fällt ε in der Aussprache häufig ab, besonders im Nordalbanesischen. Andrerseits steht es im Auslaut mitunter ohne etymologische Berechtigung.

4. ε hat seinen Hauptsitz in unbetonten Silben, wo es aus Reduction eines volleren Vocales hervorgegangen ist. In betonten Silben steht es vor Nasalen für *a* und *e*; im Gegischen sind diese ursprünglicheren Vocale dafür erhalten; z. B. *kĕnɛ* 'gewesen' = geg. *ken*. *zɛ* 'Stimme' = geg. *zq*, vgl. aslov. *zvonъ*.

5. Die Diphthonge *ai oi ei ui üi* sind späte Producte des Zusammentreffens eines *i* oder *j* mit den betreffenden Vocalen, z. B. in *uik* 'Wolf' für *ujk ul'k*, in den Aoristen auf *-ita* (s. u.) z. B. *vaita früita, kuitón* 'denke' aus lat. *cogitare, dreit* 'gerecht' aus lat. *directus*. Stets ist der erste Theil des Diphthongs betont und *i* klingt etwa wie *j̆*, z. B. *vájta* 'ich gieng'.

6. Ältere Diphthonge sind *ie üe ua.*

ie ist durch Diphthongierung aus betontem *e* hervorgegangen, z. B. *vieϑ* 'stehle' = aslov. *vezq, viet* 'Jahr' = griech. ϝέτος. Bei den Verben und auch sonst oft schwankt die Betonung zwischen *ié* und *íe* in den verschiedenen Mundarten; die geg. contrahieren es theils in *i* (besonders im Südgeg., wie in El'basan, Kavaja, Durazzo, Tirana, Kroja u. s. w.), theils betonen sie *íe*; die tosk. meist *ié*. Z. B. *mbiél mbiel mbīl* 'säe'; *kiél kiel kil* 'Himmel'. Mit vorhergehendem *n l* wird -*ie*- zu *ń ľ*, z. B. *ńer* oder *ńeri* 'Mann' = idg. *ner-, ľepur* 'Hase' aus lat. *leporem.*

7. Von der geg. Contraction von *ie* zu *ī* ist die allgemein alb. Erscheinung zu trennen, wonach *ie* sowie einfaches *e* vor Doppelconsonant zu *i* wird, z. B. *mbiel* 'säe', 2. Plur. *mbilni* 'ihr säet'. *deŕ* 'Schwein', aber *dirk* 'Ferkel'. So erklären sich auch Fälle wie *nip* 'Neffe, Enkel' aus lat. *nepos* für *niep, Acc. *nipnɛ* und von da aus mit durchgeführtem *i, prift* 'Priester' für *preft oder *priefl aus *pre(s)biter* u. a. *viń* 'ich komme' aus lat. *venjo venjo* neben *vién* = *venis venit.*

8. *üe* ist ebenfalls Diphthongierung von betontem *e* und steht

1) für *ie* unter gewissen lautlichen Bedingungen, wie z. B. in *püét* 'ich frage' = lat. *peto* wegen des Lippenlautes.

2) im Verbum bei den *e*-Stämmen da, wo die *o*-Stämme : u -*ua*- diphthongieren: *gɛńüemɛ* 'wir betrogen' wie *martúamɛ* 'wir verheirateten'; *ϑüeń* 'ich breche' wie *škruań* 'ich schreibe'. Auch hier kommen dialektische Formen mit *ie* vor.

Die Betonung schwankt zwischen *űe* und *üé*.

In den geg. Mundarten, welche *ie* zu *ī* contrahieren, wird *üe* zu *ū*: *ľüej ľüéj ľūj* 'ich salbe'.

9. *ua*, gegisch *ue*, ist Diphthongierung von *o*. Die ältere Form *uo*, heut nirgends mehr vorhanden, kommt in der Dottrina christiana von Pietro Budi noch vor. Auch hier wird *úa* und *uá* betont. Gegisch wird zum Theil *ue* zu *ū* zusammengezogen: *škruaj škruej škrūj* 'ich schreibe'. *ua* ist aus *o* entstanden vor *r l n ń (j)* in geschlossener Silbe; *n* ist im Auslaut geschwunden, so dass *-ua* = *-ón* ist. Vgl. *dorɛ* 'Hand' Plur. *duar. punɛtori* 'der Arbeiter', ohne Artikel *punɛtuar* 'Arbeiter'. und so durchweg im Suffix *-tuar* = lat. *tōr(em)*. *kaprual* 'Reh' neben *kaproli* 'das Reh' (aus lat. *capreolus*). *ndzúarmɛ* 'wir zogen heraus' *súalmɛ* 'wir brachten' neben *ndzora* 'ich zog heraus' *sola* 'ich brachte', und danach auch *martúamɛ* 'wir verheirateten' neben *martova* 'ich verheiratete', wie *umartua* 'er wurde verheiratet' nach *usual* 'er wurde gebracht'. *pagua* 'Pfau' aus lat. *pavōn(em)*. *škruań škruaj* 'ich schreibe' *škruan* 'du schreibst' neben *škrova* 'ich schrieb'; dagegen ist *martóń* 'ich verheirate' durch *martova* umgestaltet.

Nasale.

10. *ń* ist mouilliertes *n* (ital. *gn*), hervorgegangen aus der Verbindung eines *n* mit folgendem *i̯*, z. B. *ńeri* 'Mann' aus *nieri*, *kroń* 'Quellen' aus *kroni̯*, *kɛndóń* 'singe' aus *kɛndoni̯(o)*. *ń* ist im Mittel- und Nordalb. im Auslaut so wie im Inlaut vor Consonanten zu *-j* geworden: *kɛndój* neben *kɛndóń* 'singe', *kroj* neben *kroń* 'die Quellen', *eńtɛ* geg. *ejtɛ* 'Donnerstag'.

11. *n* dient auch zur Bezeichnung des vor velaren Consonanten stehenden velaren *n*, z. B. in *ɛnǵɛl* 'Engel' aus lat. *angelus*.

12. *n* ist im Tosk. zwischen Vocalen zu *r* geworden, und dies *r* vielfach auch in den Auslaut übertragen worden, z. B. geg. *ɛmɛna* tosk. *ɛmɛra* 'die Namen' und danach *ɛmɛr* 'Name' (= slav. Stamm *imen-*); tosk. *kɛrp* aus *kɛrep*, geg. *kanɛp* 'Hanf' (= ital. *canape*). Aber *ḱeni* 'der Hund' oder 'Hundes' wegen *ḱen* 'Hund'. Im Participialsuffix *-nɛ* ist *n* nach vorhergehendem *ɛ* geblieben (ausser in *bɛrɛ* 'gemacht'), z. B. *ϑɛnɛ* 'gesagt' geg. *ϑqnɛ*, aber *rarɛ* 'gefallen' neben *renɛ*. Selten ist geg. *n* jünger als tosk. *r*. *-n* ist im Auslaut der Nomina nach betontem langem Vocal geschwunden: *muli* 'Mühle' für *mulin-* aus lat. *molin(um)*, *ftua* 'Quitte' für *ftōn-* aus lat. *c(o)tōn(eum)*. Beim Antritt vocalischer Endungen erscheint der Nasal, ausser bei denen auf *-ōn-*, im Tosk. als *-r-* (vgl. § 25). Im Verbum ist die gleiche Erscheinung durch Rücksichten der Analogie verhindert, z. B. *kɛrkón* 'du suchst', 'er sucht' statt *kɛrkua* wegen *kɛrkóṅ* 'ich suche'; *fśin* 'du wischest ab', 'er wischt ab' statt *fśi* wegen *fśiṅ* 'ich wische ab'.

Liquidae.

13. *r̄* ist ein stark gerolltes hinteres, *r* ein nicht gerolltes vorderes alveolares *r*. Ersteres ist häufig das Product einer Assimilation, besonders von *rn*, z. B. *ndzúar̄ɛ* lautgesetzlich für das durch Analogie daneben bestehende *ndzúarnɛ* 'sie zogen heraus', *p r̄ā r* 'Steineiche' für *prnắr pɛrnár* aus ngr. *πρινάρι πουρνάρι*, *fur̄ɛ* 'Ofen' aus lat. *furnus*. Im Anlaut ist *r̄* auch ohne etymologischen Grund beliebt. -*r* ist im Auslaut von *bie* 'trage' und *bie* 'schlage' (vgl. lat. *fero* und *ferio*) geschwunden, im Imperf. *biere* noch vorhanden. Ebenso -*l* in *śtie* 'schicke' (vgl. στέλλω), das im Imperf. *śtiere* als *r* erscheint, wie in *bīr* 'Sohn' für *bīl-* (lat. *filius*), vgl. *bil'ɛ bijɛ* 'Tochter'.

14. *l* entspricht unserm gewöhnlichen *l*; *l'* ist ein palatales, *ł* ein dem polnischen *ł* ähnliches gutturales *l*. Letzteres ist bei weitem seltener, mitunter durch Assimilation eines anderen Consonanten entstanden, z. B. *kāł* 'Ähre' für *kals* vgl. aslov. *klasъ*. Das palatale *l'* steht vor allen Vocalen, nicht bloss vor hellen, vor denen es fast die Aussprache von *l̦i-* hat, ebenso vor Consonanten (*ul'k* 'Wolf'). Im In- und Auslaut wird in den meisten mittel- und südalbanischen Mundarten jetzt *j* dafür gesprochen, z. B. *bil'ɛ bijɛ* 'Tochter' (vgl. lat. *filia*), *mal' maj* 'Hammer' aus ital. *maglio*, *kual' kuaj* 'Pferde' von *kal'ɛ* 'Pferd' (aus *caballus*).

Verschlusslaute und Spiranten.

15. Von den Verschlusslauten wie von den Spiranten können im Auslaut nur die tonlosen stehen, die tönenden gehen dort in die tonlosen über. Z. B. *korp* 'Rabe', aber *korbi* 'der Rabe', *vieϑ* 'stehle', aber *voδa* 'ich stahl'. Vgl. § 24.

16. *ḱ ǵ* (palatales *k g*) werden im scutarinischen Dialekt zu *tś dź*, z. B. *kafɛ* scut. *tśaf* 'Hals', *ǵɛrɛ* 'breit' scut. *dźɑn*.

17. Von den Spiranten ist *h* Kehlkopfspirant, im Scutarinischen und den Bergdialekten im Anlaut häufig unorganisch vorgetreten, z. B. *hark* für *ark* 'Bogen' aus lat. *arcus*, im Südtosk. vielfach auch da, wo es etymologisch berechtigt ist, sehr schwach hörbar.

18. ϑ und δ bezeichnen den interdentalen tonlosen und tönenden Spiranten wie im Neugriechischen. ϑ wechselt selbst innerhalb derselben Mundart häufig mit *f*: *ϑelɛ* und *felɛ* 'tief', *ϑembrɛ* 'Ferse' aus lat. *femur*. Zur Vertretung des indog. palatalen *k g gh* dient sowohl *s z* als auch ϑ δ, vgl. *si-* 'dieser' (= lit. *szis* slav. *sь*), *diaϑtɛ* 'rechts' (= slav. *destь*), *zorɛ* 'Eingeweide' (= lit. *żárna*), *δɛmp* 'Zahn' (= slav. *zǫbъ*), für die Media in einigen Fällen auch *d-* z. B. *dimɛn dimɛr* 'Winter' vgl. slav. *zima*, *der* 'Schwein' = griech. χοῖρος.

19. *s* und *z* entstehen auch durch Verbindung von *t d* mit folgendem *i̯*, z. B. *pus* 'Brunnen' aus lat. *puteus putius*, *gas* Stamm *gaz-* 'Freude' aus lat. *gaudium*, 1. Person Sing. Praes. auf *-s* von Stämmen auf *-t* (vgl. u.).

20. *ź* kommt nur in Fremdwörtern vor, ebenso von den zusammengesetzten Lauten *dz* und *dž*. Auch *ts* und *tš* sind in einheimischen Wörtern selten, mitunter aus *s* und *š* entstanden, wie im Optativ *kɛndofts̆a* neben *kɛndofs̆a* = lat. *cantavissem*; in den Pronominen *tsa* 'einige' und *tsili* 'wer?' ist *t-* der festgewachsene Artikel *tɛ-*.

Betonung.

21. Die Accentsilbe wird bloss dann bezeichnet, wenn sie nicht die vorletzte des Wortes ist, z. B. *n̊eri* 'Mann', *kɛndófsimɛ* 1. Pers. Plur. Opt. von *kɛndón* 'singe', aber *n̊eriu* 'der Mann', *kɛndofs̆a* 1. Pers. Sing. Opt. Der Accent bleibt in der Flexion der Nomina und Verba unwandelbar auf derselben Silbe, welche ihn im Nom. Sing. und in der 1. Pers. Sing. Praes. trägt; Abweichungen sind nur scheinbar, z. B. Nom. Sing. *n̊eri* 'Mann' ist eine Ableitung von *n̊er*, wozu *n̊érɛzi-tɛ* 'die Männer' gehört (vgl. § 29), *ǵɛrpin̊* ist nicht Plural von *ǵarpɛr*, sondern von **ǵɛrpi̊* (st. *ǵɛrpin-*) u. s. w.

Substantiva.

Geschlecht.

22. Das Albanesische kennt eigentlich nur männliches und weibliches Geschlecht. Als Neutra gelten eine Anzahl collectivisch gebrauchter Stoffnamen, wie *miš* 'Fleisch' *vaj* 'Öl' *ujɛ* 'Wasser' *ǵalpɛ* 'Butter' *dillɛ* 'Wachs' *grurɛ* 'Getreide' *miɛł* 'Mehl' *diaϑɛ* 'Käse' u. a., welche im Nom. Acc. der be-

stimmten Declination statt des männlichen Artikels *i* auch
den Artikel *te* annehmen können, der eigentlich dem Plural
angehört und sie somit als collectivisch gebrauchte, mit dem
Prädicat im Singular verbundene Plurale kennzeichnet. Auch
beim Pronomen sind die Neutra *ketá* 'dieses' *atá* 'jenes' mit
den männlichen Pluralformen identisch. So sind dann auch
die als Abstracta gebrauchten Adjective wie *te mírete* 'das
Gute' und die als substantivische Infinitive verwendeten Participia
wie *te ngrene* 'das Essen' *te váiture* 'das Gehen' auf-
zufassen.

23. Männlich sind alle auf Consonanten ausgehenden No-
mina wie *ǵak* 'Blut' *drek* 'Teufel' *viét* 'Jahr' *veϑ* 'Ohrgehänge'
l'is 'Baum' *veš* 'Ohr' *r̄ap* 'Platane' *pl'af* 'Decke' *dem* 'Stier' *gur*
'Stein' *der̄* 'Schwein' *dēl* 'Sehne' *mal* 'Berg'. Hiebei ist in
Bezug auf den Auslaut zu bemerken:

24. a) Da im Alb. nur tonlose Laute im Auslaut stehen
können (§ 15), gehen auch die Nomina auf tönende Verschluss-
laute und Spiranten im unbestimmten Nominativ auf die ent-
sprechenden Tenues aus; beim Antritt vocalisch anlautender
Endungen, wie des bestimmten Artikels *i* oder *u*, erscheint die
ursprüngliche Media; z. B. *zok* 'Vogel' *zogu* 'der Vogel'. *zik*
'Wage' *zigi* 'die Wage' (aus ngr. ζύγι). *garϑ* 'Zaun' *garði* 'der
Zaun' (= lit. *gar̄das*). *bres* 'Gürtel' *brezi* 'der Gürtel'. *el'p*
'Gerste' *el'bi* 'die Gerste' (= gr. ἄλφι).

25. b) -*n* ist nach betontem *i u e* geschwunden, bleibt
aber vor vocalisch anlautenden Endungen, wo es im Tosk. als
-*r*- erscheint, sowie im Plural (vor ursprünglich vorhandenem,
mit dem -*n* zu -*ń* verschmolzenem *i*); z. B. *brī* 'Horn' *brīri*
(geg. *brini*) 'das Horn' *brińte* 'die Hörner'. *ǵu* 'Knie' *ǵuri*
(geg. *ǵuni*) 'das Knie' (= air. *glún*) *ǵuńte* 'die Kniee'. *pē* 'Fa-
den' *pēri* (geg. *peni*) 'der Faden' (aus lt. *pānus*) *peńte* 'die
Fäden'. Danach auch *trāri* neben *trāu* 'der Balken' (aus lt.
trabem) und umgekehrt *brīu* 'das Horn'. Auch *sǖ* 'Auge' bildet
sǖri und *sǖu* 'das Auge'.

26. c) -*n* ist nach betontem *o* geschwunden mit gleich-
zeitigem Übergang dieses *o* in *ua* (geg. *ue*). Das *o* tritt in der
Flexion zum Theil wieder hervor, im Plural auch das *n*; z. B.
ftua 'Quitte' *ftoi* 'die Quitte' *ftońte* 'die Quitten'. *krua*
'Quelle' *kroi* 'die Quelle' *krońte* 'die Quellen' (vgl. gr. χράνᾱ).

27. Weiblich sind die meisten auf Vocale auslautenden
Nomina, vor allen die auf -ε, -*e* und betontes -*i*, wie *pune*
'Arbeit' *fake* 'Gesicht' *štepí* 'Haus'. Ausgenommen sind wenige

auf -ε wie *burε* 'Mann' *dial'ε* 'Knabe' *dielε* 'Sonne' *gumε* 'Schlaf' *l'umε* 'Fluss', die vielfach auch ohne -ε gesprochen werden, und einige auf -*i* wie *ši* 'Regen' *ϑi* 'Schwein' *ńeri* 'Mann' *ari* 'Bär' sowie die zahlreichen mit der türkischen Endung -*dži* -*tši* gebildeten Wörter. Auch *δē* 'Erde' ist meist männlich. Auf -*a* sind Masc. z. B. *velá* 'Bruder' *kā* 'Ochs', weiblich z. B. *vā* 'Furt' *r̄ā* 'Bandwurm'. Paroxytona auf -*o* flectieren selbst, wenn es Männernamen sind, weiblich, z. B. *Marko*, bestimmt *Márkoja*; männlich nur oxytonierte Lehnwörter aus dem Griechischen wie *jatró* 'Arzt' *jatroi* 'der Arzt'.

Zahl.

28. Die alb. Nominaldeclination kennt nur die beiden Numeri des Singular und des Plural.

Die Pluralbildung der alb. Nomina ist ungemein mannigfaltig; selbst innerhalb derselben Mundart kommen von demselben Worte verschiedene Pluralbildungen vor. Die Typen derselben sind folgende:

29. a) *i* bei Masc. Dasselbe hat sich vor dem Artikel -*tε* mehrfach erhalten, besonders bei den Wörtern auf -*εs* und den von Städtenamen abgeleiteten auf -*as*, z. B. *škrońes* 'Schreiber' *škrońesitε* 'die Schreiber', *Tiranas* 'Bewohner von Tirana' *Tiránasitε*, sowie in dem eigentlich verkleinernden *ńerezit* 'die Männer' zu *ńeri* 'Mann'. Sonst ist es nur in seinen Wirkungen auf vorhergehende Consonanten erkennbar, indem -*k* -*l* -*l̆* -*r* -*n* mit -*i* zu -*k̆* -*l̆* (-*j*) -*j* -*ń* (-*j*) werden, z. B. *mik* 'Freund' *mik̆* 'Freunde', *bual* 'Büffel' *bual̆* *buaj*, *bir* 'Sohn' *bij* 'Söhne', *ftua* 'Quitte' *ftoń ftoj* 'Quitten'.

30. b) -*a* ist regelmässige Pluralbildung bei den Femininen auf -*ε*, z. B. *zońε* 'Frau' *zońa* 'Frauen', auch bei Masc. häufig, z. B. *bres* 'Gürtel' *breza*, wo es indessen als weibliche Endung empfunden wird, so dass Adjectiva und Pronomina im Femininum damit verbunden werden können, z. B. *ketó pusa tε ϑela* 'diese tiefen Brunnen' statt *ketá pusa tε ϑelε*.

31. c) -*e*, häufig bei Masc. z. B. *bres* 'Gürtel' *breze*, *mal̆* 'Berg' *mal̆e*. Auch mit a) contaminiert, z. B. *fik* 'Feigenbaum' *fike*, *pūl* 'Wald' *pūje*, *ftua* 'Quitte' *ftońe ftoje*.

32. d) -*ε*, häufig bei Masc. und Fem. Masc. z. B. *gur* 'Stein' *gurε*, *veš* 'Ohr' *vešε*; durch Schwinden des -*ε* wird der Plural gleichlautend mit dem Singular: *ken* 'Hund' und 'Hunde', *l̆ot* 'Thräne' und 'Thränen'. Feminina auf -ε können den Plural gleich dem Singular haben, z. B. *punɛ* 'Arbeit' und 'Arbeiten', *uδɛ* 'Weg' und 'Wege', ebenso die Feminina auf -*i* nach Abfall des -*ɛ*, z. B. *śtɛpi* 'Haus' und 'Häuser', wo die Endung -*a* (*śtɛpia*) seltener ist.

33. e) Plurale mit -*ɛr*-, geg. -*ɛn*-, dessen -*ɛ*- in der Aussprache schwinden kann, und zwar:

α) auf -*ɛri*- vor dem bestimmten Artikel, z. B. *mbret* 'König' *mbrétɛritɛ* 'die Könige', *prift* 'Priester' *priftɛritɛ* 'die Priester', *nip* 'Enkel' *nipɛritɛ* 'die Enkel'.

β) auf -*ɛra*, am häufigsten, z. B. *fśat* 'Dorf' *fśátɛra fśatra* 'Dörfer', *punɛ* 'Arbeit' *púnɛra* 'Arbeiten'. Regelmässig bei den sogenannten Neutra: *miś* 'Fleisch' *miśɛra miśra* 'Fleischstücke'.

γ) auf -*ɛre*, selten, z. B. *dēt* 'Meer' *dētɛre* neben *dētɛra* 'Meere'.

δ) auf -*ɛrɛ*, z. B. *mbret* 'König' *mbrétɛrɛ* 'Könige' *giśt* 'Finger' *giśtrɛ*.

34. f) Plurale auf -*ń* (-*j*) mit vorhergehendem betontem -*i*- oder -*ɛ*-. -*iń* zunächst bei Stämmen auf -*in*, wie *mulí* 'Mühle' *muliń* 'Mühlen', dann auch *ariń* 'Bären' von *ari* 'Bär', *zotɛriń* 'Herren' zu *zot* 'Herr', eigentlich von *zotɛri* 'Herrschaft' u. a. -*iń* z. B. in *gɛrpéń* neben *gɛrpiń* 'Schlangen' von *gɛrpɛr* 'Schlange', *lumɛ́ń* 'Flüsse' von *lumɛ* 'Fluss'. Hierher auch *mɛδéń mɛδéj* von *maϑ* 'gross'.

35. g) *lár* ist türkische Pluralendung in türkischen Lehnwörtern, z. B. *babalár* 'Väter' *atlár* 'Pferde' von *babá* 'Vater' *at* 'Pferd'.

36. h) Umgelautete Plurale. Wurzelhaftes *a* wird mehrfach durch die Pluralendung -*i* (s. unter a) zu *e* umgelautet; dieser Umlaut ist nach dem Schwinden des -*i* erhalten geblieben und erscheint durch Analogie auch bei andern Pluralbildungen. Am gebräuchlichsten sind:

plak 'Greis'   *plek* 'Greise'
daś 'Widder'   *deś deśɛ* 'Widder'
kulátś 'Aschenbrot' *kuletś kuletśɛ* 'Aschenbrote'
śkap tsiáp 'Bock'   *śkep tsiép, śkepɛ tsiepɛ* 'Böcke'
kā 'Ochs'   *kē* 'Ochsen'
śkā 'Grieche'   *śkē* 'Griechen'
r̄ā (fem.) 'Bandwurm' *r̄ē* 'Bandwürmer'
garϑ 'Zaun'   *gerδe* 'Zäune'
r̄ap 'Platane'   *r̄epe* 'Platanen'
tśobán 'Hirt'   *tśobene* 'Hirten'

Substantiva.

natε 'Nacht'   netε 'Nächte'
anε 'Gefäss'   enε 'Gefässe'
ašt 'Knochen'   éštεra eštra 'Knochen'
kunát 'Schwager'   kunétεrε 'Schwäger'.

Über eine dazwischen stehende Silbe hinweg wirkt -i umlautend in:

maškul 'männlich' 'Knabe'   meškuj 'Knaben'
šakul 'Schlauch'   šekuj 'Schläuche'
vļā 'Bruder'   vļézεritε 'die Brüder' (-r- Plural vom Deminutivum *vļazε).

37. i) Besonders bemerkenswerth wegen ihrer Pluralbildung sind:

kaļ ε 'Pferd'   kuáļ kuáj 'Pferde'
diaļ ε 'Knabe'   diéļm diém 'Knaben'
rē 'Wolke'   rā 'Wolken'
rē 'Schwiegertochter'   rā 'Schwiegertöchter'
vē 'Wittwe'   vā 'Wittwen'
r̄eϑ 'Reif'   raϑε 'Reife'
vεϑ 'Ohrgehänge'   váϑεtε 'die Ohrgehänge'
ϑes 'Sack'   ϑasε ϑásεre 'Säcke'
grua 'Frau'   grā 'Frauen'
derε 'Thür'   düer 'Thüren'
dorε 'Hand'   duar 'Hände'
šual 'Sohle'   šüej 'Sohlen'
krüe 'Kopf'   krērε krēra 'Köpfe'
kεnk 'Lamm'   škeēra štiēra 'Lämmer'
deļe 'Schaf'   δεn 'Schafe'.

Bestimmte und unbestimmte Declination.

38. Das alb. Nomen hat zwei Flexionsweisen, eine unbestimmte und eine bestimmte. Die bestimmte Declination unterscheidet sich von der unbestimmten durch den Antritt von Formen eines bestimmenden Artikels. Derselbe lautet im Nom. Sing. für die Masculina auf -k -g -h, auf -i -ë und -ä̈ (ausser veļá 'Bruder'): -u, für alle übrigen: -i; für die Feminina -a, in welchem das auslautende -ε aufgeht, für die auf -e und -a: -ja; für die sog. Neutra -tε (s. o. § 22). Im Nom. Plur. für beide Geschlechter -tε. Beispiele:

gur 'Stein'   guri 'der Stein'
maļ 'Berg'   maļi 'der Berg'
trim 'Jüngling'   trimi 'der Jüngling'
mbret 'König'   mbreti 'der König'

Substantiva.

vent 'Ort'	*vendi* 'der Ort'
veϑ 'Ohrgehänge'	*veϑi* 'das Ohrgehänge'
viϑ 'Ulme'	*viδi* 'die Ulme'
r̄uš 'Traube'	*r̄uši* 'die Traube'
pĺep 'Pappel'	*pĺepi* 'die Pappel'
korp 'Rabe'	*korbi* 'der Rabe'
diaĺε 'Knabe'	*diaĺi* 'der Knabe'
ϑua 'Nagel'	*ϑoi* 'der Nagel'
punεtuar 'Arbeiter'	*punεtori* 'der Arbeiter'
brī 'Horn'	*briri* 'das Horn'
ġu 'Knie'	*ġuri* 'das Knie'
vεĺa 'Bruder'	*vεĺai* 'der Bruder'
kā 'Ochs'	*kāu* 'der Ochs'
δē 'Erde'	*δēu* 'die Erde'
ńeri 'Mann'	*ńeriu* 'der Mann'
mik 'Freund'	*miku* 'der Freund'
zok 'Vogel'	*zogu* 'der Vogel'
ah 'Buche'	*ahu* 'die Buche'
punε 'Arbeit'	*puna* 'die Arbeit'
štεpi 'Haus'	*štεpia* oder *štεpija* 'das Haus'
nuse 'Braut'	*nuseja* (seltener *nusja*) 'die Braut'
vā 'Furt'	*vāja* 'die Furt'
grua 'Frau',	*grúaja* 'die Frau'.

39. Die Masc. *tatε* 'Vater' *rigε* 'König' *gegε* 'Gege' *toskε* 'Toske' u. a., Personennamen wie *koĺε* 'Nikolaus' *luke* 'Lukas' nehmen den weiblichen Artikel: *tata* 'der Vater' *gega* 'der Gege'. Ebenso *perεndi* 'Gott' *perεndia* 'der Gott', im Geg. auch türkische Wörter auf *-i* wie *vali* 'Statthalter' *valija* (tosk. *valiu*), *efendi* 'Herr' *efendija* (tosk. *efendiu*), der Mannsname *Ali Alija* (tosk. *Aliu*) u. a. Wörter auf unbetontes *-o* haben *-ja*: *Marko* 'Marcus' *Márkoja*, *tur̄o* 'Turteltaube' *tur̄oja*, *vito* 'Taube' *vitoja*; in Argyrokastro lautet die bestimmte Form *Márkua tur̄ua vitua*.

Casus.

40. Die unbestimmte männliche und weibliche Declination hat im Singular nur zwei Casusformen, von denen die eine im Sinne des Nominativ, Vocativ, Accusativ und Locativ, die andere im Sinne des Genitiv und Dativ fungiert. Die letztere hat im Masc. (und Neutrum) den Exponenten *-i* oder *-u* je nach dem Auslaut des Stammes, ganz wie beim Antritt des bestimmten Artikels (§ 38); im Femin. *-e* oder *-je* (letzteres nach *-e*, *-a* und arbiträr nach *-i*). Als Ablativ fungiert bei

Masc. und Fem. der unbestimmte Genitiv, bei Masc. auch der bestimmte Gen., danach auch bei Fem. eine Form auf -*et*. Die bestimmte Form des Abl. ist von der unbestimmten nicht unterschieden.

41. Die bestimmte männliche und weibliche Declination hat im Singular vier Casusformen, von denen die erste als Nominativ, die zweite als Genitiv, Dativ und Ablativ, die dritte als Accusativ, die vierte (nur in Verbindung mit Präpositionen) als Locativ fungiert. Gen. Dat. Abl. Masc. haben die Endung -*t*, welche an den bestimmten Nominativ antritt; Acc. Masc. die Endung -*nɛ*, welche bei den vocalisch auslautenden Nominativen an den unbestimmten Nominativ antritt, bei consonantisch auslautenden sowie bei den vocalisch auslautenden mit -*r*- in der Flexion (§ 25) an den unbestimmten oder an den bestimmten Nominativ antreten kann. Gen. Dat. Fem. haben die Endung -*sɛ*, Acc. Fem. die Endung -*nɛ*; beide treten an den unbestimmten Nominativ. Für die mit den Präpositionen *ndɛ mbɛ mbi pɛrmbi ndɛnɛ ndɛpɛr pɛr mɛ* erscheinende locativische Form wird bei Masc. und Fem. -*t* an den unbestimmten Nom. Sing. gehängt; dasselbe -*t* tritt in gleicher Function im Plural an den unbestimmten Nom. Plur. Der singularische Locativ auf -*t* ist sehr wenig im Gebrauch und wird meist durch den unbestimmten Accusativ ersetzt, z. B. *ndɛ dorɛ* 'in der Hand' statt *ndɛ dorɛt*. Der pluralische kann als bestimmter Accusativ aufgefasst werden, z. B. *ndɛ duart* = *ndɛ duartɛ* 'in den Händen'.

42. Die Casusendungen des Plurals treten alle an die Form des unbestimmten Nom. Plur., so dass die verschiedenen Arten der Pluralbildung, welche § 29 ff. aufgeführt sind, durch den ganzen Plural festgehalten erscheinen. Die Endungen sind für beide Geschlechter gleich. Die unbestimmte Declination hat zwei besondere Casusformen, eine für Nom. Voc. Acc. Loc. und eine zweite für Gen. Dat.; letztere hat die Endung -*ve*, dafür bei consonantisch auslautenden Masculinen auch blosses -*e*. Nom. Acc. der bestimmten Declination haben den Artikel -*tɛ*; die bestimmte Form des Gen. Dat. unterscheidet sich von der unbestimmten durch ein auslautendes -*t*, also -*vet* oder -*et*. Über die Locativform auf -*t* s. § 41. Ausserdem gibt es einen im ablativischen Sinne fungierenden Casus auf -*š* -*ši* oder -*šit*, der unbestimmt und bestimmt gebraucht wird.

43. Über die Bildung des bestimmten Acc. Sing. masc. ist noch folgendes zu bemerken. Wenn -*nɛ* an den unbestimmten Nom. tritt, kann -n- mit auslautendem -r desselben zu -r̄- assimiliert werden, nach -r̄ -l -l̄-l -δ -z -nd -m schwinden; auslautende Media wird vor -nε zur Tenuis, auslautendes -t kann vor -nε schwinden. So braucht man neben einander birnε und bir̄ε von bir 'Sohn', gurnε und gur̄ε von gur 'Stein', mor̄nε und mor̄ε von mor̄ 'Laus', der̄nε und der̄ε von der̄ 'Schwein', búalnε und búalε von bual 'Büffel', púlnε und púlε von púl 'Wald', ǵel̄nε und ǵel̄ε von ǵel̄ 'Hahn', mal̄nε und mal̄ε von mal̄ 'Berg', kuϑnε und kuδε von kuϑ 'Ambos', garϑnε und garδε von garϑ 'Hecke', bresnε und brezε von bres 'Gürtel', ventnε und vendε von vent 'Ort', trimnε und trimε von trim 'Jüngling'; zotnε und zonε von zot 'Herr', motnε und monε von mot 'Jahr'. Formen wie bir̄ε buals zonε u. s. w. sind die lautgesetzlichen, die andern durch Analogie entstanden. Neben punεtórinε und punεtúar̄ε von punεtuar 'Arbeiter' braucht man auch die Contaminationsbildung punεtornε punεtor̄ε.

Declinationsbeispiele.

I. Masculina.

44. Unbestimmt:

1) Sing. Nom. Acc. gur 'Stein'
   Gen. Dat. guri

   Plur. Nom. Acc. gurε
   Gen. Dat. gúrεvε
   Abl. gurεš gúrεši gúrεšit

2) Sing. mik 'Freund'
   miku

   Plur. mik̄
   mik̄vε mik̄ε
   mik̄š mik̄ši mik̄šit

3) Sing. ńeri 'Mann'
   ńeriu

   Plur. ńerεs
   ńerεzvε ńerεzε
   ńerεsš ńerεsši(t)

Bestimmt:

Sing. Nom. guri
Gen. Dat. gurit
Acc. gúrinε gur̄ε gurnε

Plur. Nom. Acc. gúrεtε
Gen. Dat. gúrεvεt

Sing. miku
mikut
mikunε miknε

Plur. mik̄tε
mik̄vεt mik̄εt

Sing. ńeriu
ńeriut
ńerinε

Plur. ńerεzitε
ńerεzvεt ńerεzε

Substantiva.

4) Sing. Nom. Acc. *brī* 'Horn' | Sing. Nom. *brīri*
  Gen. Dat. *brīri* | Gen. Dat. *brīrit*
  | Acc. *brīrinɛ brīnɛ*
 Plur. Nom. Acc. *briń* | Plur. Nom. Acc. *brińtɛ*
  Gen. Dat. *brińve brińe* | Gen. Dat. *brińvet brińet*
    Abl. *brińš brińši(t)*

5) Sing. *ftua* 'Quitte' | Sing. *ftoi*
   ftoi | *ftoit*
  | *ftuanɛ*
 Plur. *ftoń* | Plur. *ftońtɛ*
  ftońce ftońe | *ftońvet ftońet*
    ftońš (-i, -it)

6) Sing. *punɛtuar* 'Arbeiter' | Sing. *punɛtori*
  punɛtori | *punɛtorit*
  | *punɛtórinɛ punɛtúarnɛ*
  | *punɛtúarɛ punɛtornɛ,*
 Plur. *punɛtorɛ* | Plur. *punɛtórɛtɛ*   [-ō͞rɛ
  punɛtórɛve | *punɛtórɛvet*
    punɛtorɛš (-i, -it).

II. Feminina.

45. 1) Sing. *punɛ* 'Arbeit' | Sing. *puna*
   pune | *púnɛsɛ*
  | *púnɛnɛ*
 Plur. *púnɛra* | Plur. *púnɛratɛ*
  púnɛrave | *púnɛravet*
    púnɛraš (-i, -it)

2) Sing. *nuse* 'Braut' | Sing. *núseja*
  núseje | *núsesɛ*
  | *núsenɛ*
 Plur. *nuse* | Plur. *núsɛtɛ*
  núseve | *núsevet*
    nuseš (-i, -it)

3) Sing. *štɛpí* 'Haus' | Sing. *štɛpia*
  štɛpije | *štɛpisɛ*
  | *štɛpinɛ*
 Plur. *štɛpi* | Plur. *štɛpitɛ*
  štɛpice | *štɛpivet*
    štɛpiš (-i, -it)

46. III. Neutra.

Sing. Nom. Acc. *miš* 'Fleisch' | Sing. Nom. Acc. *mištɛ*
Gen. Dat. *miši* | Gen. Dat. *mišit*
Plur. Nom. Acc. *mišra* | Plur. Nom. Acc. *mišratɛ*
Gen. Dat. *mišravɛ* | Gen. Dat. *mišravɛt*

Abl. *mišraš* (*-i -it*).

Artikel.

47. Ausser dem postpositiven Artikel, welcher in der bestimmten Nominaldeclination dem Nomen suffixartig angehängt wird, giebt es selbständige Artikelformen. Dieselben werden 1) jedem Adjectivum, sowohl in unbestimmter als in bestimmter Form vorgesetzt; und 2) dienen sie zur Anknüpfung eines attributiven Genitivs an eine vorhergehende Casusform. Von den beiden folgenden Reihen von Formen gehört die zweite dem unbestimmten Adjectivum sowie dem seinem Nomen vorangehenden bestimmten Adjectivum an, die erste dem seinem Nomen folgenden bestimmten Adjectivum sowie dem attributiven Genitiv. Das Neutrum ist in beiden Fällen gleich den Pluralformen des Masculinums.

48.

	Masc.		Femin.	
	1	2	1	2
Sing. Nom.	*i*	*i*	*e*	*e*
Gen. Dat.	*tɛ*	*tɛ*	*sɛ*	*sɛ tɛ*
Acc.	*e*	*tɛ*	*e*	*tɛ*
Loc.	*tɛ*	*tɛ*	*tɛ*	*tɛ*
Abl.	*tɛ*	*tɛ sɛ*	*sɛ*	*sɛ*
Sing. Nom. Acc.	*e*	*tɛ*	*e*	*tɛ*
Gen. Dat.	*tɛ*	*tɛ*	*tɛ*	*tɛ sɛ*
Loc.	*tɛ*	*tɛ*	*tɛ*	*tɛ*
Abl.	*tɛ*	*tɛ*	*tɛ sɛ*	*tɛ sɛ*

49. Beispiele von dem mit einem Nomen verbundenen Adjectivum siehe unten.

Als Beispiele eines attributiven Genitivs mögen folgende Verbindungen dienen:

1) Sing. masc.

Nom. *guri i maľit*, gewöhnlich *gur' i maľit* 'der Stein (der) des Berges'
Gen. Dat. *gurit tɛ maľit*
Acc. *gurɛ e maľit*, gewöhnlich *gūr' e maľit*
Loc. *ndɛ gurt tɛ maľit*
Abl. *guri(t) tɛ maľit*.

Plur. masc.

Nom. Acc. *diemt' e pľakut* 'die Kinder (die) des Greises'
Gen. Dat. *diemet tɛ pľakut*
Loc. *diemt tɛ pľakut*
Abl. *diemš tɛ pľakut*.

2) Sing. fem.

Nom. *pun' e grūvet* 'die Arbeit (die) der Frauen'
Gen. Dat. *punɛs' sɛ grūvet*
Acc. *punɛn' e grūvet*
Loc. *punɛt tɛ grūvet*
Abl. *pune(t) sɛ grūvet*.

Plur. fem.

Nom. Acc. *δɛnt' e bariut* 'die Schafe (die) des Hirten'
Gen. Dat. *δɛnvet tɛ bariut*
Loc. *δɛnt tɛ bariut*
Abl. *δɛnš tɛ (sɛ) bariut*.

3) Neutrum Sing.

Nom. Acc. *ujɛt' e kroit* 'das Wasser (das) der Quelle
Gen. Dat. *ujit tɛ kroit*
Loc. *ujɛt tɛ kroit*
Abl. *uji(t) tɛ kroit*.

Adjectiva.

50. Das Adjectivum ist sowohl in bestimmter als auch in unbestimmter Form stets mit einem vorgesetzten Artikel verbunden, dessen Formen in § 48 aufgeführt sind.

Das Femininum ist bei den Adjectiven auf -ε gleich dem Masculinum, bei den consonantisch auslautenden mit -e gebildet: z. B.:

i-mirε, Fem. e-mirε 'gut'
i-ľartε, Fem. e-ľartε 'hoch'
i-maϑ, Fem. e-maðe 'gross'
i-kuk̃, Fem. e-kuk̃e 'roth'
i-maim, Fem. e-máime 'fett'.

Bemerkenswerth sind:
i-zī, Fem. e-zεzε 'schwarz'
i-rī, Fem. e-rē 'neu'

Pluralbildung.

51. Die männlichen Adjectiva auf -ε haben den Plural gleich dem Singular, die Feminina dazu haben die Pluralbildung auf -a. Alle Feminina auf -e haben auch im Plural -e, die dazu gehörigen auf Consonanten auslautenden Masculina haben verschiedene Pluralbildungen, die auch beim Nomen vorkommen, besonders die auf -i, das bei denen auf -m vor dem angehängten bestimmten Artikel erhalten ist. sonst sich in den § 29 besprochenen Wirkungen auf Consonanten äussert, ferner die auf -e; auch gleiche Form mit dem Sing. kommt vor. Z. B.:

i-mirε e-mirε 'gut', Plur. tε-mirε tε-mira
i-turpšim e-tŭrpšime 'schimpflich'. best. Plur. tε-tŭrpšimitε tε-tŭrpšimetε
i-ľik e-ľige 'böse', Plur. tε-ľik tε-ľige
i-vobék e-robege 'arm', Plur. tε-vobék tε-vobege, best. tε-robégitε tε-robégetε
i-kuk̃ e-kuk̃e 'roth', Plur. tε-kuk̃ tε-kuk̃e.

52. Besonders zu bemerken sind:
i-zī e-zεzε 'schwarz', Plur. tε-zes tε-zeza
i-rī e-rē 'neu', Plur. tε-riń oder tε-rí tε-rū
i-kek e-keke 'schlecht', Plur. tε-kεk̃iń oder tε-keki.
fem. tε-kek̃e oder tε-kek̃ia
i-maϑ e-maðe 'gross', Plur. tε-mεðéń oder tε-mεðéj.
fem. tε-mεðá
i-vógeľε e-vógeľε 'klein', Plur. tε-rógiľε oder tε-régiľε oder tε-régijε, best. tε-vógiľitε, fem. tε-vógeľatε.

53. Die bestimmte Flexion des Adjectivums wird in derselben Weise von der unbestimmten unterschieden wie beim

Adjectiva.

Substantiv. In Verbindung mit einem Substantivum kann das Adjectiv vorangehen oder nachfolgen. In der ersteren Stellung wird nur das Adjectiv hinten flectiert, in der zweiten nur das Substantiv.

Declinationsbeispiele.

54. Masc. unbestimmt.

Sing. Nom.		mik i-mirε	oder i-mirε mik 'guter
Gen. Dat. Abl.		miku tε-mirε	tε-miri mik [Freund'
Acc.		mik tε-mirε	tε-mirε mik
Plur. Nom. Acc.		mik̃ tε-mirε	tε-mirε mik̃
Gen. Dat.		mik̃ve tε-mirε	tε-mirεve mik̃
Abl.		mik̃š tε-mirε	tε-mirεš mik̃.

Masc. bestimmt.

Sing. Nom. Voc.		miku i-mirε	oder i-miri mik 'der gute
Gen. Dat. Abl.		mikut tε-mirε	tε-mirit mik Freund'
Acc.		mikun' e-mirε	tε-mirinε mik
Plur. Nom. Acc. Voc.		mik̃t' e-mirε	tε-mirεtε mik̃
Gen. Dat.		mik̃vet tε-mirε	tε-mirεvet mik̃
Abl.		mik̃š tε-mirε	tε-mirεš mik̃.

55. Femin. unbestimmt.

Sing. Nom.		nuse e-búkurε	oder e-búkurε nuse 'schöne
Gen. Dat.		núseje sε(tε)-búkurε	sε-búkurε nuse [Braut'
Acc.		nuse tε-búkurε	tε-búkurε nuse
Plur. Nom. Acc.		nuse tε-búkura	tε-búkura nuse
Gen. Dat.		núseve tε-búkura	sε(tε)-búkuravε nuse
Abl.		nuseš tε-búkura	sε(tε)-búkuraš nuse.

Femin. bestimmt.

Sing. Nom. Voc.		núsej'(a) o-búkurε	oder e-búkura nuse 'die schöne Braut'
Gen. Dat.		núses'sε-búkurε	sε-búkurεsε nusε
Acc.		nusen'e-búkurε	tε-búkurεnε nuse
Plur. Nom. Acc.		nuset' e-búkura	tε-búkuratε nuse
Gen. Dat.		núsevet tε-búkura	sε(tε)-búkuravet nusε
Abl.		nuseš tε-búkura	sε-búkuraš nusε.

2*

56. Neutr. unbestimmt.

Sing. Nom. Acc.   *ujɛ tɛ-mirɛ* oder *tɛ-mirɛ ujɛ* 'gutes Wasser'
Gen. Dat. Abl.   *uji tɛ-mirɛ*   *tɛ-miri ujɛ.*

Neutr. bestimmt.

Sing. Nom. Acc.   *ujɛt' e-mirɛ* oder *tɛ-mirɛt' ujɛ* 'das gute
Gen. Dat. Abl.   *ujit tɛ-mirɛ*   *tɛ-mirit ujɛ* [Wasser'

57. In der Aussprache wird *mikut tɛ-mirɛ* oft zu *mikut mirɛ*, *mikvet tɛ-mirɛ* zu *mikvet mirɛ*, *miks tɛ-mirɛ* zu *miks mirɛ*, *nuses' sɛ-búkurɛ* zu *nusesɛ búkurɛ*, *nusejet tɛ-búkurɛ* zu *nusejet búkurɛ*, *nusevet tɛ-búkura* zu *nusevet bukura*, *nuses tɛ-búkura* zu *nuses búkura*, so dass der Artikel vor dem Adjectiv scheinbar fehlt.

Steigerung.

58. Der Comparativ wird durch ein vor die unbestimmte, der Superlativ durch ein vor die bestimmte Form des Adjectivs gesetztes *mɛ̄* (geg. *mā*, aus lat. *magis*) ausgedrückt; z. B.:

Ğergi ɛ́stɛ mɛ̄ i-búkurɛ se Pietri 'Georg ist schöner als Petros'

Ğerk-Kastrioti iste mɛ̄ i-trimi i giϑɛ Skipɛtárɛvet 'Georg Kastriota war der tapferste aller Albanesen'

kɛjö stɛpi ɛ́stɛ mɛ̄ e-made se ajö 'dieses Haus ist grösser als jenes'

mɛ̄ e-búkura e sókɛvet 'die schönste von den Genossinnen'.

Man bemerke:

Pietri ɛ́stɛ mɛ̄ pāk i-búkurɛ se Ğergi 'Petros ist weniger schön als Georg'

Pietri ɛ́stɛ pāk mɛ̄ i-búkurɛ se Ğergi 'Petros ist ein wenig schöner als Georg'.

Ausserdem dienen der Steigerung Adverbia wie *sumɛ fort* 'sehr' *farɛ* 'ganz' und Umschreibungen wie *bāli i vérɛsɛ* 'der beste Wein' (*bālɛ* masc. 'Stirn, Spitze'), *maj'e mielit* 'das beste Mehl' (*mājɛ* fem. 'Gipfel'). Der verglichene Gegenstand wird ausser mit *se* auch mit *nga* (eigentlich 'aus', 'von-her') angefügt, z. B. *mɛ i-mirɛ nga unɛ* 'besser als ich'.

Zahlwörter.

1) Grundzahlen.

59.
1	ńε	20	ńεzét
2	dü	30	tridietε
3	tre fem. tri	40	düzét (scut. katrεdietε)
4	katrε	50	pesεdietε
5	pesε	60	ǵaštεdietε (griech. cal. trezét)
6	ǵaštε	70	štatεdietε
7	štatε	80	tetεdietε (griech. cal. katrεzét)
8	tetε	90	nεndεdietε
9	nεndε	100	ńε kint
10	dietε diétε	1000	ńε mijε (mil'ε)

11 ńε-mbε-dietε oder ńε-mε-dietε
12 dü-mbε-dietε u. s. w.
21 ńεzét e ńε 22 ńεzét e dü u. s. w.
29 ńεzét e nεndε oder tridietε pa ńε (pa 'ohne')
200 dü kint   300 tre kint u. s. w.
2000 dü mijε   3000 tri mijε
eine Million ńε mil'ún zwei Millionen dü mil'unε u. s. w.

Auch für Billion u. s. w. hat man ńε dül'ún, trel'ún, katrel'ún u. s. w. gebildet.

Gegisch sagt man für 'eins' ńi fem. ńa, in Kavaja und Durazzo ńinε.

Declination.

60. Die Grundzahlen können ohne und mit Artikel decliniert werden. In der bestimmten Flexion nehmen sie, ausser ńε, den Artikel vorn an.

	masc.	fem.	masc.	fem.		
Nom. Acc. Loc.	ńε	ńε	dü	tre	tri	katrε
Gen.		ńεri	ńεre	düve	treve	trive	kátrεve
Abl.				düš	treš	triš	katrεš.

Bestimmt:

Nom.	ńεri 'der eine'	ńεra 'die eine'
Gen. Dat.	ńεrit	ńεrεsε
Acc.	ńεrinε	ńεrεnε
Abl.	ńεrit	ńεret.

22 Zahlwörter.

Nom. Acc. *tɛ dü* 'die zwei' masc.   *tɛ dūja* 'die zwei' fem.
Gen. Dat. *tɛ düve*   *tɛ (sɛ) dújave*
Abl.   *sɛ düš*   *sɛ dǜjaš*

Nom. Acc. *tɛ tre* 'die drei' masc. *tɛ tria* 'die drei' fem.
Gen. Dat. *tɛ treve*   *tɛ (sɛ) triave*
Abl.   *sɛ treš*   *sɛ triaš*.

Nom. Acc. *tɛ katrɛ* 'die vier' masc. *tɛ katra* 'die vier' fem.
Gen. Dat. *tɛ kátrɛve*   *tɛ (sɛ) kátrave*
Abl.   *sɛ katrɛš*   *sɛ katraš*

und so weiter.

61. Mit einem Nomen verbunden bleiben die Zahlwörter in unbestimmter wie in bestimmter Flexion unflectiert, ausser *nɛri*, welches flectiert wird, während das Nomen unflectiert bleibt; z. B.:

nɛ būrɛ 'ein Mann'   *nɛ būri* 'eines Mannes'
nɛri būrɛ 'der eine Mann'   *nɛrit būrɛ* 'des einen Mannes'
nɛ grua 'eine Frau'   *nɛ grúaje* 'einer Frau'
nɛra grua 'die eine Frau'   *nɛrɛsɛ grua* 'der einen Frau'

dü būra 'zwei Männer'   *dü búrave* 'zweier Männer'
tɛ dü búratɛ 'die zwei Männer'   *tɛ dü búravet* 'der zwei Männer'
dü grā 'zwei Frauen'   *dü grāve* 'zweier Frauen'
tɛ dü grātɛ 'die zwei Frauen' ${sɛ \atop tɛ}$ *dü grāvet* 'der zwei Frauen'.

2) Ordnungszahlen.

62. Die Ordnungszahlen werden, ausser der für 'erster', durch Anfügung des Suffixes *-tɛ* an die Grundzahlen gebildet, vor welchem das auslautende *-ɛ* derselben ausfallen kann.

erster	*i-parɛ* fem. *e-parɛ*, der erste		*i-pari* fem. *e-para*	
zweiter	*i-dütɛ*	*e-dütɛ*	*i-düti*	*e-düta*
dritter	*i-tretɛ*		u. s. w.	
vierter	*i-kátrɛtɛ* oder *kátrtɛ*			
fünfter	*i-pésetɛ*	*i-pestɛ*		
sechster	*i-gáštɛtɛ*	*i-gaštɛ*		
siebenter	*i-štátɛtɛ*	*i-štatɛ*		
achter	*i-tétɛtɛ*	*i-tetɛ*		
neunter	*i-néndɛtɛ*	*i-nɛndɛ*		
zehnter	*i-ðiétɛtɛ*	*i-ðietɛ*		
elfter	*i-nɛ-mbɛ-ðiét'ɛt)ɛ*			

zwanzigster *i-ńεzét(εt)ε*, einundzwanzigster *i-ńεzet-e-ńεitε* hundertster *i-ńε-kindεtε* oder *i-ńε-kindε* hundertzwanzigster *i-ńε-kint-e-ńεzetε* u. s. w.

3) Ableitungen von Zahlwörtern.

63. 'einfach' *i-ńémεstε, i-ńεitε*, 'zweifach' *i-dűmεstε*, 'dreifach' *i-trémεstε*, 'vierfach' *i-kátrεmεstε* u. s. w.
Adverbia dazu *ńémεzaj dűmεzaj trémεzaj* u. s. w.
'Einheit' *ńεš*, 'Zweiheit' *dűš*, 'Dreiheit' *treš*, 'Vierheit' *katreš* u. s. w., auch die Feminina *ńεše dűše treše* u. s. w.
δietεs 'zehn ausmachend', auch 'Befehlshaber von zehn Mann', *kindεs mijεs* u. s. w.
ńεš 'in ein Stück' *dűš* 'in zwei Stücke' *triš* in drei Stücke' *katreš* 'in vier Stücke' u. s. w. (Ablativformen des Plurals, *ńeš* Analogiebildung).
'einmal' *ńε herε*, 'zweimal' *dű herε* u. s. w.
'je ein' *ńε nga ńε*, 'je zwei' *dű nga dű* u. s. w.
'zum zweiten Mal' *sε-düti* oder *pεr sε-düti*, 'zum dritten Mal' (*pεr*) *sε-treti*.
'selbzweiter' *vet'i-dütε*, 'selbdritter' *vet'i-tretε* u. s. w.

Pronomina.

1) Persönliche Pronomina.

Erste und zweite Person.

64. Sing. Nom.   *u, unε* 'ich'   *ti, tinε* 'du'
        Gen. Dat. Acc. *mua*   *tű (tűj)*
        Abl.   *meje(t)*   *teje(t)*
   Plur. Nom.   *na*   *ju*
        Gen. Dat. Acc. *nē, nevε*   *juvε*
        Abl.   *neš*   *juš*.

Für *unε* in El'basan auch *una*; für *tű* tosk. auch *tünε*; für *mua* geg. *mue mű*.

Dritte Person.

65. Sing. Nom.   *aű ai* 'er'   *ajö* 'sie'   *atá* 'es'
        Gen. Dat. *ati tí (atij)*   *asáj sāj*   *ati ti*
        Acc.   *até tε*   *atí tε*   *atá*
        Abl.   *asi si*   *asó*   *asi si*

Plur. Nom. Acc. *atá*   *ató*
Gen. Dat. *atüre, türe, atürete* = masc.
Abl.   *asís*   *asós*.

Für *até* geg. *até*, für *atüre* geg. *atüne*.

66. Für Dat. und Acc. Sing. und Plur. aller drei Personen giebt es tonlose Formen, welche vor das Verbum treten, auch dann, wenn das nähere oder entferntere Object hinter dem Verb durch ein Nomen oder ein selbständiges Pronomen ausgedrückt ist, und zwar:

mɛ für Dat. Acc. Sing. der ersten Person
na für Dat. Acc. Plur. der ersten Person
tɛ für Dat. Acc. Sing. der zweiten Person
u für Dat. Acc. Plur. der zweiten Person
i für Dat. Sing. der dritten Person masc. und fem.
e für Acc. Sing. der dritten Person masc. und fem.
u für Dat. Plur. der dritten Person masc. und fem.
i für Acc. Plur. der dritten Person masc. und fem.

Beispiele.

67. *mɛ ϑa* oder *mɛ ϑa mua* 'er sagte mir'
mɛ r̄ahu oder *mɛ r̄ahu mua* 'er schlug mich'
na ϑa oder *na ϑa neve* 'er sagte uns'
na r̄ahu oder *na r̄ahu neve* 'er schlug uns'
tɛ ϑa oder *tɛ ϑa tüj* 'er sagte dir'
tɛ r̄ahu oder *tɛ r̄ahu tüj* 'er schlug dich'
u ϑa oder *u ϑa jure* 'er sagte euch'
u r̄ahu oder *u r̄ahu jure* 'er schlug euch'
i ϑa oder *i ϑa* $\begin{cases} ati \\ asáj \end{cases}$ 'er sagte $\begin{cases} \text{ihm} \\ \text{ihr} \end{cases}$
e r̄ahu oder *e r̄ahu até* 'er schlug ihn, sie'
u ϑa oder *u ϑa atüre* 'er sagte ihnen'
i r̄ahu oder *i r̄ahu* $\begin{cases} atá \\ ató \end{cases}$ 'er schlug sie'.

68. Bei der Verbindung der Dative mit Acc. Sing. oder Plur. der dritten Person ergeben sich folgende Zusammenziehungen:

mɛ e = *ma*   *mɛ i* = *mi*
tɛ e = *ta*   *tɛ i* = *ti*
i e = *ja*   *i i* = *ja*
na e   *na i*
u e = *ua*   *u i* = *ua*
u e = *ua*   *u i* = *ua*.

2) Possessivpronomina.

69.   Erste Person.

Sing. 'mein' masc.   Nom. *im*. Gen. Dat. Acc. Abl. *t'im*.
'meine' fem.   Nom. *ime*. Gen. Dat. Abl. *s'ime*. Acc. *t'ime*.
Plur. 'meine' masc.   Nom. Acc. *e-mī*. Gen. Dat. Abl. *(tɛ-)mī*.
       Auch *t'im* für alle Casus.
'meine' fem.   Nom. Acc. *e-mia*. Gen. Dat. Abl. *(tɛ-)mia*.
       Auch *t'ime* für alle Casus.
Sing. 'unser' masc.   Nom. *ünɛ*. Gen. Dat. Acc. Abl. *t'ɛnɛ*, *t'onɛ*,
       t'ünɛ.
'unsere' fem.   Nom. *jonɛ*. Gen. Dat. Abl. *s'anɛ*, *s'onɛ*.
       Acc. *t'anɛ*, *t'onɛ*.
Plur. 'unsere' masc. Für alle Casus *t'anɛ*, *t'onɛ*.
'unsere' fem.   Für alle Casus *t'ona*.
Anm. Geg. 'mein' *em*, fem. *eme*.

70.   Zweite Person.

Sing. 'dein' masc.   Nom. *üt*. Die andern Casus *t'ɛnt, t'at, t'üt*.
       Acc. auch *t'ɛt*.
'deine' fem.   Nom. *jote*. Gen. Dat. Abl. *s'ate*. Acc.
       t'ende, *t'ɛtɛ*.
Plur. 'deine' masc.   Nom. Acc. *e-tū*. Gen. Dat. Abl. *(tɛ-)tū*.
       Auch für alle Casus *tɛ-tū* oder *t'ɛtɛ*.
'deine' fem.   Nom. Acc. *e-tua*. Gen. Dat. Abl. *(tɛ-)tua*.
       Auch für alle Casus *tɛ-tua* oder *t'ɛtɛ*.
Sing. 'euer' masc.   Nom. *juaj*. Die andern Casus *t'uaj*.
'eure' fem.   Nom. *juaj*. Gen. Dat. Abl. *s'uaj*. Acc.
       t'uaj.
Plur. 'eure' masc. und fem. für alle Casus *t'uaj*, fem. auch
       t'uaja.
Anm. Geg. 'dein' Gen. *t'qnt*. 'euer' *juɛj* oder *jüj*.

71.   Dritte Person.

Sing. 'sein' masc.   Nom. *i-tī*. Acc. *e-tī*. Gen. Dat. Abl. *(tɛ-)tī*.
'seine' fem.   Nom. Acc. *e-ti*. Gen. Dat. Abl. *(sɛ-)tī*.
'ihr' masc.   Nom. *i-sāj*. Acc. *e-sāj*. Gen. Dat. Abl.
       (tɛ-)sāj.
'ihre' fem.   Nom. Acc. *e-sāj*. Gen. Dat. Abl. *(sɛ-)sāj*.

Plur. 'seine' masc. und fem. Nom. Acc. *e-ti*. Gen. Dat. Abl.
(*tɛ-*)*ti*. Fem. auch *e-*(*tɛ-*)*tija*.
Auch für alle Casus *tɛ-ti*.
ihre' masc. und fem. Nom. Acc. *e-sāj*. Gen. Dat. Abl.
(*tɛ-*)*sāj*. Fem. auch *e-*(*tɛ-*)*sāja*.

Sing. 'ihr' masc. Nom. *i-türe*(*ve*). Acc. *e-türe*(*ve*). Gen. Dat. Abl. (*tɛ-*)*türe*(*ve*).
'ihre' fem. Nom. Acc. *e-türe*(*ve*). Gen. Dat. Abl. (*sɛ-*)*türe*(*ve*).
Plur. 'ihre' masc. und fem. Nom. Acc. *e-türe*(*ve*). Gen. Dat. Abl. (*tɛ-*)*türe*(*ve*).
Auch für alle Casus *tɛ-türe*(*ve*).

Für alle Formen des Possessivpronomens der dritten Person kann man auch *i-vet* (resp. mit *e- tɛ- sɛ-*) brauchen.

72. Die Possessivpronomina folgen dem Nomen, z. B. *soku im* 'mein Genosse' *puna jote* 'deine Arbeit' *diémt'e-ti* 'seine Kinder' *diémt'e-sāj* 'ihre Kinder'. Nur bei Verwandtschaftswörtern und bei *zot* 'Herr' treten die Possessiva der ersten und zweiten Person voran, z. B.:

im bir 'mein Sohn', Plur. *t'im bij*
ime bijɛ 'meine Tochter', Plur. *t'ime bija*
üt rɛtá 'dein Bruder', Plur. *t'ɛtɛ vɛtézɛrɛ*
jote motrɛ 'deine Schwester', Plur. *t'ɛtɛ motra*.

Dabei bemerke man:
im atɛ 'mein Vater, Gen. *t'im et*
im kunatɛ 'mein Schwager', Gen. *t'im kunɛ́t*
im'mē 'meine Mutter', Gen. *s'im'mēje*
jot'ɛmɛ 'deine Mutter', Gen. *sat'ɛme*.

73. Wenn die Possessivpronomina ohne Nomen gebraucht werden ('der meinige' u. s. w.), werden sie wie Adjectiva in bestimmter Flexion decliniert, z. B. *imi* 'der meinige' *imeja* 'die meinige', Plur. *tɛ-mitɛ*, fem. *tɛ-mijatɛ* 'die meinigen', ntr. *t'imtɛ* 'das meinige'.

3) Demonstrativa.

74. Sing. Nom.   *kü* 'dieser'   *kɛjö* 'diese'   *kɛtá* 'dieses'
       Gen. Dat. *kɛti*   *kɛsáj*   *kɛti*
       Acc.   *kɛté*   *kɛté*   *kɛtá*
       Abl.   *kɛsi*(*je*)   *kɛsó*(*je*)   *kɛsi*(*je*)

Pronomina.

```
Plur. Nom. Acc.  kɛtá        kɛtó
     Gen. Dat.   kɛtüre(ve)
     Abl.        kɛsis       kɛsós
Sing. Nom.       aũ 'jener'  ajö 'jene'  atá 'jenes'
      Gen. Dat.  atí         asáj        atí
      Acc.       até         até         atá
      Abl.       asi(je)     asó(je)     asi(je)
Plur. Nom. Acc.  atá         ató
      Gen. Dat.  atüre(ve)
      Abl.       asis        asós.
```

Geg. Acc. Sing. *kɛté até*; Gen. Dat. Plur. *kɛtüne(ve) atüne(ve)*. Gen. Dat. Sing. auch *kɛtit atit*; Gen. Dat. Plur. auch *kɛsüres asüres*.

4) Relativa.

75. 1) *kɛ* für alle Geschlechter und Casus im Singular und Plural.

2) *i-tsile*, dem ital. *il quale*, ngr. ὁ ὁποῖος entsprechend, wird bestimmt flectiert: Sing. masc. *i-tsili tɛ-tsilit tɛ-tsiline*; fem. *e-tsila tɛ-tsilɛsɛ tɛ-tsilɛnɛ*; Plur. masc. *tɛ-tsilɛtɛ tɛ-tsilɛvet*, fem. *tɛ-tsilatɛ tɛ-tsilavet* u. s. w.

3) Die Fragepronomina *kus tse se sa* können auch relativisch gebraucht werden; auch *sets* verbunden.

5) Interrogativa.

76. 1) *kus* 'wer?' masc. und fem. ohne Plural.
Gen. Dat. Abl. *kuit*.
Acc. *kɛ* (geg. *ke*).

2) *tsɛ ts* undeclinierbar, bei Personen und Sachen, z. B.: *ts ńeri* 'was für ein Mann?' Gen. *ts ńeriu*. *ts punɛ* 'welche Sache?' Abl. Plur. *ts púnɛras*. *ts ujɛ* 'was für Wasser?' Mit *ǵe* 'Sache' wird es zu *dze*.

3) *tsilɛ* 'wie beschaffen?' mit bestimmter Flexion: Sing. masc. *tsili tsilit tsiline*; fem. *tsila tsilɛsɛ tsilɛnɛ tsilet*. Plur. masc. *tsilɛtɛ tsilɛvet tsilɛs*; fem. *tsilatɛ tsilavet tsilus*.

4) *se* (masc. fem.) in accusativischem, *sej* (masc.) und *seje* (fem.) in ablativischem Sinne, z. B. *persé pse* 'warum?' — Davon ein Adjectiv *i-sejtrɛ e-sejtrɛ*, unbestimmt flectiert, z. B. *i-sejtrɛ este kü? i-ārtɛ* 'woraus ist dieser? aus Gold'.

5) *sā* Nom. Acc. masc. und fem. 'wie viele?' Gen. Dat. *sāve*, Abl. *sūs*.

6) Indefinita.

I. Der Qualität.

77. 1) *i-tile* und damit zusammengesetzt *i-atile* und *i-ketile* 'ein solcher', unbestimmt und bestimmt flectiert.

2) *kuš* und *tsiłi* 'mit vorgesetztem *akɛ, si, di, tšo* oder nachgesetztem *do*, auch mit *si* und *do* verbunden: 'wer immer' 'irgend einer'.
 akɛ-kuš si-kuš di-kuš tšo-kuš kuš-dó si-kuš-dó.
 akɛ-tsiłi si-tsiłi di-tsiłi tšo-tsiłi tsiłi-dó si-tsiłi-dó.
Dabei werden *kuš* und *tsiłi* decliniert.

3) *giϑɛ-kuš* 'jeder der'.

4) *tšɛ- dó, tšdó* 'was immer'.

5) Indeclinables *akɛ* 'so ein': *akɛ ńeri* 'so ein Mann' *akɛ punɛ* 'so eine Arbeit'. Auch *akɛ tš ńeri*.

6) *ǵɛ, ǵesent, ǵesendi, ǵɛkafšɛ* 'etwas'.

7) *vetɛ* undeclinierbar 'selbst'. Oft auch mit *vetiu* und mit den Casus von *vétɛhe* verbunden. Dieses ist ein weibliches Substantivum 'Selbstheit'; man sagt *vétɛhese s'ime* 'meiner selbst', *vétɛhese s'ate* 'deiner selbst' u. s. w. Dafür auch das gleicherweise flectierte *vete*.

8) *játɛrɛ* oder *jatrɛ* 'ein anderer', im unbestimmten Nom. Sing. und in der bestimmten Singularflexion gebraucht, gewöhnlich auch da mit vorgesetztem Artikel *tiatrɛ* oder *tietrɛ*.

Sing. Nom. Acc.	*tietrɛ* 'ein anderer'	*tietrɛ* 'eine andere'
Gen. Dat. Abl.	*tietri*	*tietre*
Sing. Nom.	*tietri* 'der andere'	*tietra* 'die andere'
Acc.	*tiétrinɛ*	*tiétrɛnɛ*
Gen. Dat. Abl.	*tietrit*	Gen. Dat. *tietrɛsɛ*
		Abl. *tietret*
Plur. Nom. Acc.	*tɛ-tierɛ* 'andere' masc.	*tɛ-tiera* 'andere' fem.
Gen. Dat.	*tɛ-tiérɛvɛ*	*sɛ-tiérave*
Abl.	*sɛ-tiercš*	*sɛ-tieraš*
Plur. Nom. Acc.	*tɛ-tiérɛtɛ* 'die andern'	*tɛ-tiératɛ*
Gen. Dat.	*tɛ-tiérɛvɛt*	*sɛ-tiéravet*
Abl.	*sɛ-tierɛš*	*sɛ-tieraš*.

II. Der Quantität.

78. 1) *ńɛ* 'einer' wird als unbestimmtes Pronomen so wie das Zahlwort decliniert, oder Gen. Dat. Abl. masc. *ńɛi*, Gen.

Dat. fem. *ńēje*, Abl. *ńējet*; 'der eine' *ńeri ńera*. Geg. masc. *ńi ńiu*, fem. *ńi ńie ńiet*; bestimmt *ńani ńana*.
  Mit *ndo* zusammengesetzt *ndońé* oder *nońé* 'einer'.
  Mit *as*: *asńé*, auch *asndońé* 'keiner'.

2) *sa* mit *di*: *disá* 'einige', undecliniert oder decliniert (*disāve disáš*). Auch *tsa* und *ditsá*.

3) *aḱe* und *kaḱe* 'so viel' 'so gross', z. B. *aḱe ńerɛs* 'so viele Männer' *kaḱe ujɛ* 'so viel Wasser'. Alleinstehend flectiert: *áḱeve aḱeš*. Auch als Adverbium: *aḱe i-mirɛ* 'so gut' *kaḱe i-maϑ* 'so gross'.

4) *i-tɛrɛ* (geg. *tɋnɛ*) 'ganz', decliniert als Adjectivum.

5) *ǵiϑɛ* 'jeder' nimmt im Nom. Sing. keinen Artikel, in den übrigen Casus arbiträr. Vor einem Nomen bleibt es unflectiert, z. B. *ǵiϑɛ katundi* 'jedes Dorf' Gen. (*tɛ-)ǵiϑɛ katundit*, Acc. (*tɛ-)ǵiϑɛ katúndine*, Nom. Plur. (*tɛ-)ǵiϑɛ katundet*. *ǵiϑɛ štɛpia* 'jedes Haus' Gen. (*sɛ-)ǵiϑɛ štɛpisɛ*, Acc. (*tɛ-)ǵiϑɛ štɛpinɛ*, Nom. Plur. (*tɛ-)ǵiϑɛ štɛpitɛ*. Als alleinstehender Plural 'alle' wird es mit oder ohne Artikel flectiert: *ǵiϑɛ ǵiϑɛvɛ ǵiϑɛš* masc. und fem. oder *tɛ-ǵiϑɛ tɛ-ǵiϑɛvɛ tɛ-ǵiϑɛš* masc., *tɛ-ǵiϑa sɛ-ǵiϑavɛ sɛ-ǵiϑaš* fem.

Verba.

79. Das albanesische Verbum hat Activ und Passiv; unter den Verben mit passiver Form sind auch solche mit reflexiver Bedeutung. Im Activ hat es von einfachen Tempora und Modi einen Indicativ, Conjunctiv und Imperativ Präsens, ein Imperfectum, einen Aorist und einen Optativ, ausserdem eine Anzahl umschriebener Zeit- und Modusformen, die unten (§ 120 ff.) aufgeführt werden. Das Passiv ist theils durch Zusammensetzung mit dem Hilfsverbum *jam* 'ich bin' (Praesens und Imperfect), theils durch reflexive Ausdrucksweise (Aorist, Optativ, Imperativ) gebildet, das übrige sind umschriebene Formen. Ausserdem giebt es verschiedenartig gebildete Participia Perfect Passiv, aber keinen Infinitiv. Von den Numeri existieren bloss Singular und Plural.

80. Von den beiden indogermanischen Hauptconjugationen auf *-mi* und auf *-ó* existiert die erste im Alban. nur in wenigen Resten, die Mehrzahl der Verba gehört der zweiten an.

I. Reste der mi-Conjugation.

81. Hieher gehören bloss die drei Verba *jam* 'ich bin'. *kam* 'ich habe', *ϑom* 'ich spreche'.

Die Endungen des Praesens Indicativ sind:

Sing. 1. Person: -m: *jam kam ϑom*.
     2. Person: ohne Endung: *jē kē ϑua* (für *ϑo), geg. *ϑue*.
     3. Person: -*tɛ*: *εštɛ* (dafür auch *ε*; geg. *qštɛ q*) *ϑotɛ*; *kā* ist ohne Endung.

Plur. 1. Person: -*mi*: *jemi kemi ϑomi*. Gegisch (besonders im Dialect von Skodra) für -*mi* die enclitische Form *na* des Pronomens der 1. Person: *jena kena ϑona*.
     2. Person: -*ni*: *jini* (oder *ini*) *kini ϑoni*. Die Endung stammt aus der *o*-Conjugation, über ihre Entstehung siehe § 88.
     3. Person: -*nɛ*: *janɛ kanɛ ϑonɛ*.

Über das mit *jam* zusammengesetzte Passivum siehe unten. Hieher scheint auch *vete* 'ich gehe' zu gehören, das die drei Singularpersonen gleich hat, geg. aber auch *vetem* für die 1. Person, was diese Form den Passivbildungen anzuschliessen scheint. Plur. *vemi vini venɛ*, geg. auch 2. Sing. *tē* wie *jē kē*.

82. Der Conjunctiv unterscheidet sich bei *ϑom* nur in der 2. Sing. vom Indicativ: *ϑuaš* oder *ϑuatš*. Bei *jam* und *kam* sind nur 1. und 2. Plural den Formen des Indicativs gleich, dagegen die übrigen Personen durch *e* statt *a* in der Wurzelsilbe, die 2. 3. Sing. ausserdem durch abweichende Bildung gekennzeichnet: *jem kem, ješ (jetš) keš (ketš), jetɛ ketɛ*, 3. Plur. *jenɛ kenɛ*.

83. Im Imperfect ist die Bildung von *jam* von vorbildlichem Einfluss auf die beiden andern gewesen. Sowohl von *jam* als von *kam* sind in den Mundarten die Flexionsweisen des Imperfectums sehr mannigfaltig. Am ursprünglichsten scheint die tšamische Bildungsweise zu sein: *ješe ješe iš, jesɛm jésɛte išnɛ*. Neben 3. Sing. *iš* auch *ište*, in Pɛrmet *ištej*. Verallgemeinerung der Formen mit *i-*, zunächst im Plural: *išim išite išinɛ*, dann auch im Singular: *iša iše*. Übertragung der Bildung mit -*n*- von den vocalischen Stämmen der *o*-Conjugation: *išńa* oder *išńam, išńe*, Plur. *išnim išnite išnine*. Für *išńam išńe* auch *išjem išje*. Genau so *keše keše kiš* (*kište kištej*), *kešεm kέšεtε kišne*; dann *kiše kiše kiš, kišim kišite kišinε*; *kišńa; kišjem*. Von *ϑom*: *ϑoše ϑoše ϑoš*(*te*), *ϑošim ϑoš*(*i*)*te ϑoš*(*i*)*nε*; auch *ϑošńam* in Berat.

84. Imperativ 2. Plur. = Ind. Praes. *jïni* (*ini*) und *kini*; danach die 2. Sing. *ji* (*i*) *ki*. Von *ϑom*: *ϑuaj ϑoni*, das -*j* stammt von den *n*- Praesentien.

Über Aorist, Optativ und das übrige siehe unten.

II. *o*-Conjugation.

85. Behufs einer Anordnung der zahlreichen hieher gehörigen Verba muss man den Praesensstamm und den Aoriststamm unterscheiden. Von ersterem wird Indicativ, Conjunctiv, Imperativ Praesens und das Imperfect, von letzterem Aorist und zum Theil Optativ gebildet.

86. 1) Der Praesensstamm ist dem Aoriststamm gleich oder bloss durch Ablaut von ihm unterschieden. Hieher gehören die meisten (alten oder entlehnten) consonantisch auslautenden Wurzelverba. Die 1. Sing. Praes. lautete aus auf -*ŏ* oder -*jŏ*; beides ist geschwunden, letzteres in seinen Nachwirkungen noch zu erkennen. Aorist 1. Sing. auf -*a*.

87. a) Consonantischer Auslaut, Praesens 1. Sing. *-*ŏ*, Aoriststamm dem Praesensstamm ganz gleich. Stammauslautende Media erscheint im Praesens auslautend und vor consonantischen Endungen als Tenuis, z. B.:

mbľak 'werde alt'	Aorist *mbľaka*
štüp 'trete'	*štüpa*
puϑ 'küsse'	*puϑa*
veš 'kleide'	*veša*
var 'hänge'	*vāra*
mbül 'schliesse'	*mbüla*
ngul 'stecke hinein'	*ngula*
nis 'fange an'	*nisa*
ľak 'benetze'	*laga*
ľiϑ 'binde'	*ľida*
kaľp 'faule'	*kaľba*
ndes 'zünde an'	*ndeza*.

Auf -*s* gehören besonders hieher die zahlreichen, aus dem griechischen Aorist auf -ησα entlehnten Verba, z. B.: *kεndís* 'sticke' aus ἐκέντησα; *nis* selbst ist ἐκίνησα.

88. Das Praesens dieser Klasse flectiert so:

pu϶ pu϶(ε)mε oder pú϶imε
pu϶ pu϶ni
pu϶ pú϶ενε oder pú϶ine.

Also die drei Singularpersonen haben gänzlichen Verlust der Endung erlitten, die 1. Plural hat -mε, die 3. Plural -nε (aus *nt), der thematische Vocal erscheint davor als -ε- oder -i-. Das -ni der 2. Plural ist von den Praesensstämmen auf -n übertragen und aus -nite verkürzt, vgl. iśi und kiśi für iśite und kiśite im Imperf. von jam kam, sowie -śi für -śite im Optativ. Auch in der 3. Plur. kommt die von den n-Stämmen herstammende Nebenform pú϶nενε vor. Vor -ε- und -i- tritt ursprüngliche Media hervor, z. B. li϶mε aber liδεmε liδimε. Wurzelhaftes -e- wird vor dem -ni der 2. Plur. zu -i-: ndes ndisni; vgl. unten.

89. Der Aorist hat die Endungen -a -e -i, -εm (-mε) -te -ne. Nach Gutturalen steht in der 3. Sing. -u statt -i. -n- der Endung 3. Plur. -nε kann lautgesetzlich oder durch Analogie schwinden (§ 43):

liδa 'ich band'   laga 'ich benetzte'
liδe   lage
liδi   lagu
liδεm (oder li϶me)   lagεm (oder lakme)
li϶te   lakte
li϶nε oder liδe   lakne oder lage.

90. b) Consonantischer Auslaut, 1. Sing. Praes. auf ursprünglich -ó, Ablaut im Aorist. Hieher gehören die Verba mit wurzelhaftem -e-, welche dasselbe im Praesens zu -ie- diphthongieren, wie piek (St. pek-) 'brate' = aslov. peką, diek (St. deg-) 'brenne' = lit. degù, mble϶ (St. leδ-, gr. λέγω, mb- ist Praeposition) 'sammle', τie϶ (St. τeδ-) 'stehle' = aslov. τeζą, τiel (St. τel-) 'speie' vgl. ahd. wullón, miel (St. mel- für melz- = lit. mélžu) 'melke', tier (St. ter- für terk, vgl. lat. torqueo) 'spinne'. Ferner einige mit praesentischem -e- (doch vgl. unter a) wie he϶ (St. heδ-) 'werfe' (= urgerm. skeutó 'schiesse'), dre϶ (St. dreδ) 'drehe', bre϶ (St. breδ) 'springe', hek 'ziehe'. Endlich von Verben mit praesentischem -a- mar 'nehme' und dal 'komme heraus'. Diese beiden haben in der 2. 3. Sing. den (auf dem alten -is -it der Endung beruhenden) Umlaut e : mar mer mer, dal del del; ebenso das sonst nicht hieher gehörige ap ep ep 'gebe'. Ein -o- wird in śoh śeh 'sehe', ńoh *ńeh* 'erkenne' umgelautet. Sowohl -ie- als auch -e- werden vor Doppelconsonanz zu -i- (siehe § 7), also 2. Plur. *viϑni hiϑni tirni*; daran nimmt auch das umgelautete -e- Theil: *mīrni dilni* neben *mḗrni delni*, ebenso *epni* und *ipni*, *śihni ńihni*. Auslautendes -k (-g) wird vor -ni zu -k̓ erweicht: *piék pik̓ni, diék dik̓ni*; danach auch im Imp. Sing. *pik̓ dik̓*.

Beispiele.

riép 'beraube'	*ndziér* 'zerreisse'	*piék* 'brate'	*hek* 'ziehe'
riép	*ndziér*	*piék*	*hek*
riép	*ndziér*	*piék*	*hek*
riép(e)mɛ, riépimɛ	*ndziér $\binom{\varepsilon}{i}$ mɛ*	*piék $\binom{\varepsilon}{i}$ mɛ*	*hek $\binom{\varepsilon}{i}$ mɛ*
ripni	*ndzirni*	*pik̓ni*	*hik̓ni*
riépɛnɛ, riépinɛ	*ndziérɛnɛ, ndziérinɛ*	*piékɛnɛ, piékinɛ*	*hiékɛnɛ, hiékinɛ.*

91. Der Aorist hat dieselben Endungen wie Klasse a), aber in der Wurzelsilbe den Ablaut -o-, das bei den auf -r und -l endigenden Wurzeln im Plural zu -ua- wird. Für *mori* 'er nahm' und *doli* 'er ging heraus' giebt es kürzere Formen ohne Endung, aber mit Diphthongisierung: *muar̄ dual* (vgl. § 126). Auslautendes -k -g wird im ganzen Aorist zu -k̓ -ǵ erweicht. In der 3. Plural der auf -r und -l auslautenden Verba kann der Auslaut dem anlautenden -n- der Endung -nɛ assimiliert werden: *ndzúarnɛ* und *ndzúar̄ɛ*, *súalnɛ* und *súalɛ*; ebenso auch *hoðɛ* neben *hoϑnɛ* u. s. w. (vgl. § 13), danach *hok̓nɛ* und *hok̓ɛ* u. s. w.

Beispiele.

ropa 'beraubte'	*poka* 'briet'	*doǵa* 'verbrannte'
rope	*poke*	*doǵe*
ropi	*poki*	*doǵi*
ropɛm, ropmɛ	*pokɛm, pokmɛ*	*doǵem, dok̓mɛ*
roptɛ	*poktɛ*	*dok̓tɛ*
ropnɛ, rope	*pok̓nɛ, pok̓e*	*dok̓nɛ, doǵe.*
ndzora 'zerriss'		*sola* 'brachte'
ndzore		*sole*
ndzori		*soli*
ndzúarmɛ, ndzúarɛm		*súalmɛ*
ndzúartɛ		*súaltɛ*
ndzúarnɛ, ndzúar̄ɛ		*súalnɛ, súalɛ.*

92. Zu den Praesensbildungen dieser Klasse gehören auch *bie* oder *bié* 'bringe' und *štie* oder *štié* 'werfe'. Ersteres ist idg. *bʰeró und steht für *bier*; das *r* ist in der 2. Plur. *birni* (neben *bini*), im Imperativ 2. Sing. *biere* und im Imperf. *biere* noch erhalten. Auch *štie* steht für *štier* (Imperf. *štiere* Imperat. *štierɛ*), *r* aber hier für *l* (idg. Wz. *stel*). Die Aoriste sind abweichend: von *bie prūra*, von *štie štūra štira* oder *štiva*. Mit *bie* ist *špie* 'schicke' zusammengesetzt.

Die Praesentia flectieren:

bie bie bie, biemɛ birni und *bini bienɛ*
štie štie štie, štiemɛ štini štienɛ.

93. c) Consonantischer Auslaut, 1. Sing. Praes. auf -*įó*. Hieher gehören vor allem die zahlreichen Verba auf -*it*, die aus dem slavischen Infinitiv auf -*iti* entlehnt sind, wie *tšudis* 'setze in Erstaunen' *porosis* 'befehle' *godis* 'treffe' *grabis* 'raube' *vozis* 'rudere', sowie solche auf -*át* (*vikás* 'schreie heftig') -*ót* (*kulós* 'weide') -*út* (*kɛpús* 'verstümmele') -*üt* (*mbüs* 'ersticke'), die zum Theil ebenfalls fremder Herkunft sind. Das -*t* ist in der 1. Sing. Praes. durch das folgende -į- von -įó zu -s- verwandelt worden, ebenso in der 3. Plural *godisɛnɛ* aus *godit-*įont*, während das -s- in der 1. Plur. *godis(ɛ)mɛ godisimɛ* aus der 1. Sing. übertragen zu sein scheint. Die 2. Plural, welche die allgemein verbreitete Endung -*ni* (§ 88) hat, lässt lautgesetzlich das -*t*- vor derselben schwinden (*godini*), daneben besteht *goditni* mit dem durch die Analogie der übrigen Formen geschützten oder wiederhergestellten -*t*. Übrigens werden diese Praesentia uniformierend auch mit durchgehendem -*t*- conjugiert. Aorist auf -*a* u. s. w.:

godis	*godisɛmɛ*	*godit*	*goditɛmɛ*
godit	*goditni, godini* oder *godit*		*goditni*
godit	*godisɛnɛ*	*godit*	*goditɛnɛ, goditńɛnɛ*.

Aorist *godita*.

94. Einige Verba auf -*es* haben das -*s* in der 1. Sing. fest und verwandeln das -*e*- im Ao. in -*i*-, z. B. *pres pret pret*, *présɛmɛ pritni présɛnɛ* 'erwarte' Ao. *prita*. *šres šrita* 'rufe'. *dzbres dzbrita* 'steige herab'. *šes šita* 'verkaufe'.

95. Der sehr verbreitete Aorist auf -*ita* hat sich dann auch bei andern Praesensbildungen eingestellt, regelmässig bei denen auf -*aj* und -*uaj* (siehe unten), z. B. *ģaita* 'glich' *muita* 'machte fett' *mbaita* 'hielt' *blúaita* 'mahlte' *drúaita* 'fürchtete' rúaita 'schützte' húaita 'lieh' (hieher auch vaita 'ging' zu einem Praesens *vaj aus lt. *vadio für vādo); nach -e- deita 'machte trunken' ndeita 'breitete aus'; nach -ü- früita 'blies'. Da hier -ta an die Praesentia auf -j angetreten zu sein scheint, fügte man auch sonst -ta an, z. B. mbārta 'trug' zu mbār 'trage', enta 'verbrannte' zu eń 'verbrenne', dita 'wusste' zu di 'weiss', fleta 'schlief' zu flē 'schlafe', ǵeta 'fand' zu ǵej 'finde'. -ita noch in ngrita d. i. ngr-ita zu ngre ngreh 'hebe auf', das gr- (vgl. gr. ἐγείρω) als wurzelhaften Bestandtheil hat.

96. Von einfachen Verben auf Dentale sind erwähnenswerth mas mat 'messe', püés 'frage' für *piés mit diphthongiertem e (ü wegen des Labials; das Verbum ist wohl aus lat. *petio für peto entlehnt) und διés 'scheisse' 2. 3. Pers. διet für *διed, Wz. δed = idg. ghed zd. zad gr. χεδ. Ao. mata püeta, aber διeva nach den vocalischen Stämmen.

97. Von n-Stämmen gehört hieher beń bej 'mache', Ao. bera d. i. ben-a (geg. baj bqna) vgl. φαίνω, hüń hüj 'gehe hinein', Ao. hüra geg. hüna. Dagegen flectieren vē 'lege' zē 'fasse', deren Stamm ebenfalls auf -n ausgeht, ohne -j; Ao. mit abweichender Vocalisation vūra zūra (geg. vuna zuna). Lehnwort aus lat. venio ist vin vij 'komme' mit -i- für -ie- vor der Doppelconsonanz (venjo), 2. 3. Sing. vien = venis venit, Plur. vimε vini vińεnε = veniunt. Ao. von anderem Stamme erδa.

98. d) Praesensstamm und Aoriststamm lauten vocalisch aus, 1. Sing. Praesens ohne erkennbare Endung, Aorist hat die durch Analogie entstandenen Endungen -ta oder -va. So auf -e z. B. blē 'kaufe' bleva, flē 'schlafe' fleta oder fleita, lē 'lasse' (Ao. laśɛ s. u.), auf -i z. B. di 'weiss' dita, ri 'sitze' (Ao. von andern Stamme ndenta), pi 'trinke' piva, hā 'esse' (Ao. hangra, hengra). Sie conjugieren im Praesens:
ble ble ble, blemε blini blenε
di di di, dimε dini dinε
ha ha ha, hamε hani hanε.
Ebenso vē zē, deren Stamm eigentlich auf -n ausgeht (2. Plur. vini). pi hat in den Bergdialekten Nordalbaniens 2. 3. Sing. pin, also nach den n-Stämmen.

99. 2) Praesens- und Aoriststamm sind ungleich.

a) Der Praesensstamm zeigt eine Erweiterung mit -n, der Aoriststamm geht auf einen betonten Vocal aus. Hieher gehört vor allem die grosse Masse der abgeleiteten Verba, welche zum grossen Theil aus dem Lateinischen (seltener aus andern Sprachen) stammen, zum Theil im Albanesischen selbst neu gebildet worden sind. Das Praesens wird auf ursprünglich -i̯o gebildet; von dem -i̯- sind in der 1. Sing. (und danach in der 1. Plural) sowie in der 3. Plural Nachwirkungen vorhanden, ganz wie bei den Stämmen auf -t (§ 93). Die 2. Plural auf -ni (für -nitɛ, siehe § 85) ist von hier aus auf alle Verba übergegangen. Der Aorist hat die Endung -va, deren -v- vor den Pluralendungen -mɛ -tɛ -nɛ schwindet. Die 3. Sing. lautet auf -u aus, nur bei den o-Stämmen auf -i. Letztere diphthongieren im Plural das -o- zu -ua-, die auf -e- zu -üe-, ausgenommen die mit wurzelhaftem -ie- wie ziɛń 'siede'. Nach dem Auslaut des Aoriststammes sind zu unterscheiden:

α) Stämme auf -a: lań oder laj 'wasche', Ao. lava.
β) Stämme auf -e: gɛńéń oder gɛńéj 'täusche', Ao. gɛńeva. Ein Theil derselben diphthongiert im Praesensstamme das -e- zu -üe-, z. B. ϑüeń ϑüej 'zerbreche', Ao. ϑeva.
γ) Stämme auf -i: fśiń fśi 'wische ab', Ao. fśiva.
δ) Stämme auf -ü: früń früj 'blase'; Ao. früva (oder früita).
ε) Stämme auf -o: martóń martój 'verheirate', Ao. martova. Ein Theil derselben diphthongiert im Praesensstamme das -o- zu -ua-, diese können im Ao. auch -aita haben: śkruań śkruaj 'schreibe', Ao. śkrova oder śkruaita.

Beispiele.

100. lań, laj 'wasche'   lāva 'wusch'
      lań   lāvɛ
      lan   lāu
      lājmɛ   lāmɛ
      lāni   lātɛ
      lańɛnɛ, laj(ɛ)nɛ   lānɛ

gɛńéń, gɛńéj 'täusche'   gɛńeva 'täuschte'   zieva 'siedete'
gɛńén   gɛńeve   zieve
gɛńén   gɛńeu   zieu
gɛńejmɛ   gɛńüemɛ   ziemɛ
gɛńeni   gɛńüetɛ   zietɛ
gɛńéńɛnɛ, gɛńej(ɛ)nɛ   gɛńüenɛ   zienɛ

fšiń fši 'wische ab'   fšiva 'wischte ab'
fšin   fšive
fšin   fšiu
fšimɛ   fšimɛ
fšini   fšitɛ
fšińɛnɛ, fšijɛnɛ, fšinɛ fšinɛ

fruń, fruj 'blase'   fruva oder fruita 'blies'
frun   fruve   fruite
frun   fruu   fruiti
frujmɛ   frumɛ   fruitmɛ
fruni   frutɛ   fruittɛ
frúńɛnɛ, fruj'(ɛ)nɛ   frunɛ   fruitnɛ, fruinɛ

martóń, martój 'verheirate' martova 'verheiratete'
martón   martove
martón   martoi
martojmɛ   martúamɛ
martoni   martúatɛ
martońɛnɛ, martoj(ɛ)nɛ   martúanɛ

škruań, škruaj 'schreibe' škrova oder škrúaita 'schrieb'
škruan   škrove   škrúaite
škruan   škroi   škrúaiti
škrúaimɛ   škrúamɛ   škrúaitmɛ
škrúani   škrúatɛ   škrúaittɛ
škrúańɛnɛ, škrúainɛ   škrúanɛ   škrúaitnɛ, škrúainɛ

101. Nach der Analogie der abgeleiteten Verba haben einige consonantisch auslautende Stämme im Praesens eine Nebenform auf unbetontes -ɛn, das ebenso flectiert wie die Verba auf -on u. s. w. Der Aorist zeigt den consonantischen Stamm. Es sind:

lup oder lupɛń lupɛj 'bitte' Ao. lupa
hip oder hipɛń hipɛj 'steige auf' Ao. hipa
tšapɛń tšapɛj 'gehe im Schritt'
ikɛń ikɛj 'gehe weg' Ao. ika
etsɛń etsɛj 'gehe' Ao. etsa
štup oder štupɛń štupɛj 'zerstosse' Ao. štupa.

Im Gegischen, wo diese Verba auf -iń -ij auslauten, hat die Erscheinung eine viel grössere Verbreitung, z. B. liðiń für liϑ 'ich binde' u. s. w. Ebenso im calabrischen Albanesisch.

102. b) Der Aoriststamm lautet consonantisch aus, der Praesensstamm ist daraus durch Anfügung eines betonten -át hervorgegangen, das wie die übrigen Verba auf -*at* (§ 93) conjugiert wird und vor dem der Vocal der Wurzelsilbe zu *e* geschwächt oder ganz geschwunden ist. Dies -*at* ist wahrscheinlich von den slavischen Infinitiven auf -*ati* bezogen. Sein -*a*- lautet in der 2. 3. Sing. zu -*e*-, in der 2. Plur. zu -*i*-um. Mitunter kommen die einfachen Praesentia neben den erweiterten vor. So:

St. *kal*- Ao. *kala* Praes. *kelás klás* und *kal* 'stifte an'
St. *brit*- (geg.) Ao. *brita* Praes. *bertás* und *brit* 'schreie'
St. *krits*- Ao. *krisa* Praes. *kertsás kretsás* 'knacke, knirsche'
St. *prek*- (geg.) Ao. *preka* Praes. *perkás* und *prek* 'berühre'
St. *θir*- Ao. *θira* Praes. *θerás* 'rufe' (auch *θerés* nach *θerét*)
St. *plus*- Ao. *plasa* Praes. *peltsás* für *pls-ás* 'berste' (aslov. *plesnqti*)
St. *pal*- Ao. *pāla* Praes. *pelás* 'brülle'
St. *kliθ*- Ao. *kliθa* Praes. *kelθás* 'lärme
St. *ful*- (aus lat. *fabulo*) Ao. mit Ablaut *fola* Praes. *flas* 'spreche'.

Hieher gehört auch *vras* 'töte', d. i. *er-as* (*vr*- zu lat. *mor-ior* u. s. w.), dessen *a* aber in die Aoristbildung übergegangen ist: *vrāva*.

Sigmatischer Aorist.

103. Vom sigmatischen Aorist haben sich einige Reste erhalten, meist in Formen, welche Praesensbildungen von anderen Stämmen neben sich haben, nämlich:

daše 'gab' zu *ap* 'gebe'
raše 'fiel' zu *bie* 'falle'
paše 'sah' zu *šoh* 'sehe' (Wurzel *pas* vgl. ai. *paç*- aslov. *pasq*)
paše patše 'hatte' zu *kam* 'habe' (neben *pat-a*, vgl. lat. *pot-ior*)
keše 'war' zu *jam* 'bin'
θaše 'sagte' zu *θom* 'sage'
laše 'liess' zu *lē* 'lasse'
ġetše 'fand' zu *ġej* 'finde' (neben *ġeta*)
arθtše 'kam' zu *viń* 'komme' (neben *erda*).

Im Passiv kann diese Bildung auf -še bei allen Verben statt der auf -a -va eintreten, z. B. u-ropše und u-ropa, u-ndzúarše und u-ndzora, u-škrúaše und u-škrova.

104. Das -s- (-š-) dieser Aoriste zeigt sich nur in der 1. Sing. Die Pluralformen haben die gewöhnlichen Endungen an den vocalischen Stamm gefügt; 2. 3. Sing. sind ohne Endung, in der 2. Sing. wird dabei wurzelhaftes -a zu -e. pašε 'hatte' ǵetše arϑtše sind nur in der 1. Sing. gebräuchlich. Z. B.:

δašε 'gab'   kešε 'war'
δē   kē
δū   ke
δūmε   kemε
δātε   ketε
δānε   kenε.

Imperfect.

105. Das Imperfect wird vom Praesensstamme gebildet. Es hat in den Mundarten von Berát und Fráščri die Endungen -ńa(m) -ńe -te, -nimε -nitε -ninε; für 1. Sing. -ńa(m) auch -ńe(m); -ńe auch in Griechenland. Daraus sind die gewöhnlichen toskischen Formen -ja(m) oder -je(m) -je -te, -imε -itε -inε entstanden. Diese Form ist von den n-Praesentien ausgegangen, also liϑńam nach martońam; in der 3. Sing. fehlt bei den consonantischen Stämmen das -n- (liϑte gegenüber martonte). -e- wird vor der Doppelconsonanz zu -i-: driϑńam von dreϑ. Der Dialekt von Permét hat für die 1. 2. Sing. eine ältere Form auf -e bei consonantischen Stämmen: dreδe liδe; ebenda wird in der 3. Sing. -tej für -te gesagt. In Südalbanien und in Griechenland wird die 3. Sing. auch ohne Endung gesprochen, die Vocalisation beweist, dass -te abgefallen ist: martṍn līϑ driϑ (von dreϑ) hik (von hek) mīr (von mār). In Permét kommt auch eine 3. Sing. auf -iš vor: martoniš škruaniš driδiš, worin iš 'er war' zu erkennen ist. Diese Zusammensetzung mit dem Imperfect von jam ist im Dialekt von Škodra noch weiter durchgeführt: martóiše (oder martóišńa) martóiše martote, martóišim martóiši martóišin; bei consonantischen Stämmen tšilše (von tšil 'öffne') tšilše tšilte, tšilšim tšilši tšilšin.

106. Dem Imperfect und dem Praesens wird das Adverbium po vorgesetzt, wenn sie im Sinne der slavischen imperfectiven Verba stehen.

Conjunctiv Praesens.

107. Der Conjunctiv unterscheidet sich nur in der 2. 3. Sing. von den entsprechenden Formen des Indicativs. Die 2. Sing. hat die Endung -š oder -tš, die 3. die Endung -ε; bei allen vocalischen Stämmen tritt sie durch -n- vermittelt an, durch Analogie erscheint auch bei consonantischen in der 3. Sing. -ńe (oder je) statt -ε. Z. B.:

tε diék diékš (diéktš) diege (diekńe)
tε ndziér ndziérš(-tš) ndzierε (ndzierńe)
tε Ꝡań Ꝡań(t)š Ꝡańε oder Ꝡāj Ꝡāj(t,š Ꝡājε
tε martóń martóń(t,š martońε oder martój martój(t,š martojε.

108. Der Conjunctiv wird in abhängigen Sätzen zum Ausdruck der Ungewissheit, des Willens u. s. w. gebraucht, z. B. *dua tε mε špietš* 'ich will dass du mich trägst'; nach den Conjunctionen *kur si posa* im Sinne des Futurs, z. B. *si tε duatš bεn*, 'handle wie du willst'; bei den unbestimmten Fürwörtern *tš tšdo* u. s. w. z. B.: *nukε di setš tε bεń* 'ich weiss nicht was ich thun soll', endlich zur Umschreibung des Infinitiv, z. B.: *je i-zoti tε vratš* 'du bist im Stande zu töten'. Im Vordersatze einer Bedingung steht der Conjunctiv häufig ohne Conjunction: *tε mε merte mua grua, do t'i bεńe* 'nähme er mich zur Frau, so würde ich ihm machen'.

Imperativ.

109. Der zum Praesensstamme gehörende Imperativ verwendet als 2. Plural die entsprechende Form des Indicativ. Die 2. Sing. endet bei allen vocalischen Stämmen ausser bei denen, welche im Indicativ (undiphthongiertes) *e* und *o* zeigen, auf -*j*, bei diesen wie bei den consonantischen stellt sie den Verbalstamm dar, dessen Vocalisation sich bei denen mit -*ie*- nach der der Pluralform richtet. Z. B.:

kāj kani, fši (= fšij) fšini, Ꝡüej Ꝡüeni,
škruaj škruani;
geńě geńeni, martő martoni;
rip ripni, dik dikni, ndzir ndzirni, viľ vilni,
godit goditni.

Die 3. Person wird mit *lē* ('lasse') und dem Conj. umschrieben: *lē tɛ dálɛ* 'er soll herausgehen'. Auch der blosse Conjunctiv wird häufig für alle Personen des Imperativ gebraucht.

Der Accusativ des enklitischen Pronomens kann vor die Endung der 2. Plural eingefügt werden: *limni* für *li-mɛ-ni* 'lasst mich' = *linimɛ* (vgl. § 127).

Optativ.

110. Der Optativ, aus dem lat. Conjunctiv des Plusquamperfects auf *-vissem* hervorgegangen, lehnt sich zunächst an die Aoriste auf *-va* an und wird bei den Verben, die solche Aoriste haben, durch Anfügung der Endungen *-ša* oder *-tša*, *-š* oder *-tš*, *-tɛ*, *-šim* oder *-tšim*, *-ši* oder *-tši* neben *-šitɛ* und *-tšitɛ*, *-šinɛ* oder *-tšinɛ* an das *-v-* der Endung des Aorists gebildet, das vor dem *-š* und *-t* zu *-f-* wird, also *-fša -ftša* u. s. w. Dies *-fša* ist auf alle vocalischen Stämme übergegangen. Von hier aus hat sich diese Bildung weiter verbreitet, zunächst wohl zu den Stämmen auf *-t-* und den Aoristen auf *-ta* (*goditša škrúaitša*; von hier stammt vielleicht jene Nebenform *-ftša*), dann auf die andern consonantischen Stämme, wo der Optativ aber vom Praesensstamme gebildet wird, vermutlich weil *goditša* auch zum Praesensstamme gehören kann (3. Sing. *godit*: *goditša* = *riép*: *riepša* oder *rieptša*).

Beispiele.

martofša 'ich möchte verheiraten'
martófš
martoftɛ
martófšimɛ
martófši(tɛ)
martófšinɛ
zum Ao. *martova*

hüfša zum Ao. *hüra*, das wegen des Praesens *hüń* als *hü-ra* gefasst wurde
goditša zu Ao. *godita*
škrúaitša (und *škrofša*) zu Ao. *škrúaita* (und *škrova*)
riepša rieptša zu Praes. *riep* (Ao. *ropa*)
diekša zu Praes. *diek* (Ao. *doġa*)
siel(t)ša zu Praesens *siél* 'bringe' Ao. *sola*.

111. Zu *jam* 'bin' ist der Optativ vom Aoriststamm (vgl. Ao. *keše*) nach Analogie der Verba auf *-oń* gebildet: *kofša*. Zu *kam* 'habe' regelmässig vom Aoriste *pata: patša*. Zu *pašɛ* 'sah': *pafša*.

112. Die Verba, deren Participium auf *-ɛnɛ* ausgeht, bilden (ausser *jam*) den Optativ von diesem Participium, wozu vermutlich die Beziehung der Optative wie *liϑ(t)ša sieɫ(t)ša goditša* auf die Participia *lidɛ sieɫɛ goditɛ* (siehe § 115,3) Veranlassung gab. So: *dɛnɛ* 'gegeben' *dɛntša dɛnša* 'ich möchte geben', *rɛnɛ* 'gefallen' *rɛntša*, *ϑɛnɛ* 'gesagt' *ϑɛntša*, *lɛnɛ* 'gelassen' *lɛntša*, *vɛnɛ* 'gelegt' *vɛntša*, *zɛnɛ* 'ergriffen' *zɛntša*, *špɛnɛ* 'geschickt' *špɛntša*.

113. Der Optativ wird in Hauptsätzen zum Ausdruck eines Wunsches gebraucht und steht so besonders in Gruss- und Verwünschungsformeln, in Nebensätzen besonders bei der Conjunction *ndɛ* (*nɛ*). Negation ist in beiden Fällen *mos*, wie beim Imperativ.

Participia.

114. In lebendigem Gebrauch als Participium ist nur ein Particip des passiven Praeteritums. Zur Bildung desselben werden im Alban. die Suffixe *-nɛ* (idg. *-no-*, aslov. *nъ*) und *-mɛ* (aslov. *mъ*) verwendet.

115. *-nɛ* wird gebraucht:
1) im Tosk. bei den vocalisch auslautenden Stämmen; nach *-ɛ-* ist *-n-* erhalten, ausser in *bɛrɛ* 'gemacht', sonst zu *-r-* geworden. Z. B.: *kɛnɛ* 'gewesen', *ngrɛnɛ* 'gegessen', *ϑɛnɛ* 'gesagt' und die übrigen § 112 aufgeführten. *kārɛ* 'geweint' zu *kań kā-va*, *blērɛ* 'gekauft' zu *blē bl'eva*, *fšīrɛ* 'gekehrt' zu *fšiń fši-va*, *ϑüerɛ* 'zerbrochen' zu *ϑüeń ϑeva*, *škrúarɛ* 'geschrieben' zu *škruań škrova*, *martúarɛ* 'verheiratet' zu *martóń martova*. So auch *vrarɛ* 'getötet' zu *vras vrā-va*, *parɛ* 'gesehen' zu *šoh pa-šɛ*, *rarɛ* (neben *rɛnɛ*) zu *rašɛ*; *prūrɛ* 'gebracht' zu *pru-ra* 'brachte'.

2) im Geg. bei den Formen, welche den tosk. auf *-ɛnɛ* entsprechen: *ken* 'gewesen', *ngran* 'gegessen', *ϑan* 'gesagt', *dan* 'gegeben', *lan* 'gelassen', *dzan* 'gelernt' u. a.

3) im Tosk. und Geg. bei den Stämmen auf *-r* und *-l* (*ɫ*) mit wurzelhaftem *e*; *-n-* wird dabei dem *r l* zu *r̄ l* assimiliert: *vier̄ɛ* 'gehängt' von *vier*, *ndzier̄ɛ* 'herausgezogen' von *ndzier*, *vieɫɛ* 'gespieen' von *viel*, *vieɫɛ* 'geerntet' von *viel*. Auch **lidnɛ*

*viεðnε *dreðnε mussten zu *lide viεðε dreðε* werden. So entstand ein Participium auf -ε zu allen consonantisch auslautenden Verben: *lüpε* 'gebeten' *riεpε* 'beraubt' *diεgε* 'verbrannt' *goditε* 'getroffen, das neben dem gewöhnlichen auf -*urε* steht wie it. *cerco* neben *cercato*.

4) Die übrigen consonantisch auslautenden Verba haben tosk. -*urε* geg. -*un*: *riέpurε lidurε viέðurε diέgurε drέðurε goditurε páturε* 'gehabt' neben *patε* und *pásurε pasε*, geg. *pasun*. -*turε* ist auf alle Verba übergegangen, welche den Aorist auf -*ta* bilden: *váiturε* 'gegangen' *gáiturε* (neben *gárε*) *diturε* 'gewusst' *skrúaiturε* (neben *skruarε*) *várturε* (neben *varurε*) u. s. w.

116. -*m* (für -*mε*) ist im Geg. die Endung des Particips bei allen vocalischen Stämmen, welche tosk. -*rε* haben, z. B. *blēm* 'gekauft' *fšim* 'gekehrt' *θüem* 'zerbrochen' *martuem* 'verheiratet'. Auch mit -*un* erweitert z. B. in *bāmun* neben *bām* 'gemacht' = tosk. *bεrε*.

117. Von dem idg. Participium Perf. Pass. auf -*to*- sind einige Reste erhalten: *θátε* neben *θárε* 'trocken' zu *θuń* 'trockne', *mbitε* neben *mbirε* 'erstarrt' zu *mbiń* 'mache starr', *ngritε* Fem. 'Eis' zu *ngrin* 'mache frieren', *plotε* 'voll' = lat. *pletus*, geg. *dašt* neben *daštun* zum Stamme *daš*- 'lieben' Ao. *deša*, tosk. Part. *dášurε* (vgl. idg. *geus*- sk. *guš*-).

118. Alte Participia des Präsens bilden wahrscheinlich den Grundstock der zahlreichen Nomina auf -*εs* und -*ės* zur Bezeichnung eines Agens oder eines Werkzeuges, z. B. *mbielέs* 'Sämann' eig. 'säend', *hapεs* 'Schlüssel' eig. 'öffnend', *mbütεs* 'Deckel' eig. 'schliessend', *kendέs* 'Sänger' 'Hahn' eig. 'singend' *rεmbės* 'Räuber' eig. 'raubend'. Durch Analogiebildungen sind diese Ableitungen sehr mannigfaltig gestaltet worden, vgl. *hamεs* 'Vielfrass' von *hā* 'esse', *pimεs* 'Trunkenbold' von *pī* 'trinke', *rúaɦεs* oder *rúaitεs* 'Wächter' von *ruań* Ao. *rúaita* 'schütze', *mburoɦεs* 'Verteidiger' von *mburoń* 'schütze' u. s. w.

119. Das Participium auf -*urε* hat active und passive Bedeutung, z. B. *i-diturε* 'wissend' 'weise' *i-ndiέkurε* 'verfolgt'. In einer Anzahl von Verbindungen dient das Participium, meist mit vorgesetztem Artikel *tε*, zum Ausdruck des fehlenden Infinitivs, so mit der Praeposition *pεr*, z. B. *erða pεr tε-šiturε* 'ich kam um zu verkaufen', mit *me* zum Ausdruck der Gleichzeitigkeit, z. B. *me tε-árðurε* 'als ich (du, er) ankam' *me tε-diģuar kεtέ motra vaiti* 'als die Schwester dies hörte, ging sie fort', *me tɛ-rɛnɛ pórtɛsɛ uháp* 'indem an die Thüre geschlagen wurde, öffnete sie sich' (eig. 'mit dem Geschlagenwerden der Thür'). Ohne Artikel wird es mit *duke* oder *tuke* (geg. *tue*) als Gerundium des Praesens gebraucht, z. B. *tuke kārɛ* 'weinend'; mit *pa* 'ohne' im Sinne eines Nebensatzes 'bevor' oder 'ohne dass' z. B. *pa vrāre s ikɛń* 'ohne ihn getötet zu haben, gehe ich nicht fort' oder 'ich gehe nicht fort, bevor ich ihn getötet habe', *e mori pa bɛre dasmɛ* 'er nahm sie (zur Frau) ohne Hochzeit zu machen'. Im Sinne eines passiven oder reflexiven Infinitivs kann im Geg. *u* (§ 126) vortreten: *me ugɛzuem* 'sich zu freuen'.

Umschriebene Formen des Activs.

120. Das Futurum wird im Südtosk. mit *do tɛ* ('will dass') und dem Conjunctiv umschrieben, z. B. *do tɛ kem* 'ich werde haben' *do tɛ liϑ* 'ich werde binden' *do tɛ martóń* 'ich werde heiraten'. *do* (3. Sing. von *dua* 'will') bleibt in allen Personen. Im Mittelalban. ist die Umschreibung mit *kam* 'ich habe' und dem infinitivisch gebrauchten Participium mit *pɛr* gewöhnlich: *kam pɛr tɛ-kɛrkúarɛ* 'ich werde suchen' von *kɛrkóń* 'suche'. Geg. entspricht *kam me kɛrkuem*.

do tɛ mit dem Imperfectum wird im Sinne eines Conditionals gebraucht: *do tɛ keše* 'ich würde haben' *do tɛ liϑna* 'ich würde binden'.

121. Die übrigen Tempora und Modi werden mit *kam* 'habe' umschrieben:

> Perfectum: *kam liδurɛ* 'ich habe gebunden' *kam kɛnɛ* 'ich bin gewesen'.
>
> Plusquamperfectum: *keše liδurɛ* 'ich hatte gebunden' *keše kɛnɛ* 'ich war gewesen'
>
> Aoristisches Plusquamperfect: *patše liδurɛ* 'ich hatte gebunden' *patše kɛnɛ* 'ich war gewesen'
>
> Conjunctiv Perfect: *tɛ kem liδurɛ* 'dass ich gebunden habe' *tɛ kem kɛnɛ* 'dass ich gewesen sei'
>
> Optativ Perfect: *ndɛ patša liδurɛ* 'wenn ich gebunden habe' *ndɛ patša kɛnɛ* 'wenn ich gewesen bin'
>
> Conjunctiv Plusquamperfect: *tɛ keše liδurɛ* 'dass ich gebunden hätte' *tɛ keše kɛnɛ* 'dass ich gewesen wäre'

Futurum exactum: *do tɛ kem lidurɛ* 'ich werde gebunden haben' *do tɛ kem kɛnɛ* 'ich werde gewesen sein'
Conditional des Praeteritums: *do tɛ keɛ̃ lídurɛ* 'ich würde gebunden haben' *do tɛ keɛ̃ kɛnɛ* 'ich würde gewesen sein'.

122. Eigenthümlich sind dem Albanesischen umschriebene Tempus- und Modusformen, welche zur Bezeichnung einer plötzlich und unerwartet eintretenden oder mit besonderer Emphase hervorzuhebenden Handlung gebraucht werden und aus den Formen von *kam* mit der vorgesetzten kürzesten Form des Participiums auf -ɛ gebildet werden. Man hat sie mit dem Namen Admirativ bezeichnet. Z. B.: *pásɛkam* oder *paskam* 'ich habe unvermuthet' *pásɛkeɛ̃* 'ich hatte unvermuthet' *pásɛkam pásurɛ* 'ich habe unvermuthet gehabt'. *kɛnkam* 'ich bin unvermuthet' *riepkam* 'ich beraube unversehens' *ndzierkam* 'ich ziehe plötzlich heraus'. Danach auch *lākam* 'ich wasche plötzlich' statt *larɛkam*, *martúakam* 'ich verheirate plötzlich' statt *martúarɛkam* u. s. w. Im Gebrauch sind besonders Praesens und Aorist. Z. B. *kü kɛnka fort m' i mirɛ nga unɛ* 'der ist viel besser als ich'.

Passivum.

123. Praesens Indicativ und Conjunctiv sowie Imperfectum sind bei den consonantisch auslautenden Stämmen durch Zusammensetzung der kürzesten Participialform auf -ɛ mit den entsprechenden Formen von *jam* 'ich bin' gebildet. Dabei schwindet das anlautende *j-* von *jam* u. s. w., *ja-* wird zu *e*; ausserdem sind einige Analogiewirkungen eingetreten, indem der sonst ganz gleiche Conjunctiv auch in der 2. und 3. Sing. auf den Indicativ gewirkt hat und im Imperfect *-e-* ganz durchgeführt worden ist.

Indicativ Praesens. Conjunctiv Praesens.

lidem 'ich werde gebunden'   *lidem*
lide (oder *lideɛ̃* nach dem Conj.)   *lideɛ̃(ɛ)*
lidetɛ (nach dem Conj.)   *lidetɛ*
lidemi   *lidemi*
lidi (verkürzt aus *lidini*, seltener *lideni*)   *lidi*
lidenɛ   *lidenɛ*.

Imperfect.

lideśe(a)
lideśe
lideś oder *lidej* (nach activ. -*tej*)
lideśime
lideśite
lideśine.

124. Die Verba, welche ihren Vocal in der 2. Plur. Ind. Praes. Activ in -*i*- verwandeln, haben auch im Passivum diese Form mit *i*, z. B.:

ndzier 'ziehe heraus' *ndzirni* 'ihr zieht heraus', Pass.
ndzirem
riep 'beraube' *ripni*, Pass. *ripem*
diek 'brenne' *dikni*, Pass. *digem*
piel 'erzeuge' *pilni*, Pass. *pilem*.

125. Nach der Analogie der consonantischen Stämme bilden die vocalischen ihr Passiv, indem sie -*em* mit einem vorhergehenden -*h*- an einen verkürzten Participialstamm fügen, der zum Theil das äussere Aussehen des Aoriststammes hat:

lāhem 'werde gewaschen', Part. *lare*, Ao. *lava*
martōhem 'werde verheiratet, Part. *martúare*, Ao. *martova*
śkrūhem 'werde geschrieben', Part. *śkrúare*, Ao. *śkrova*
ϑūhem 'werde zerbrochen', Part. *ϑúere*, Ao. *ϑeva*.

Statt *martohem geńehem* 'werde betrogen' u. s. w. auch *martonem geńenem* mit Anlehnung an die Praesensbildung mit -*n*. Ebenso *benem* und *behem* 'werde gemacht' von *be*, St. *ben* und andere. Mit -*i*- *lihem* von *lē* 'lasse' (2. Plur. Act. *lini*) u. s. w.

126. Aorist und Optativ werden durch Verbindung der activen Formen mit dem vorgesetzten Pronomen *u* gebildet, welches für *ve steht und zum idg. Reflexivstamme *sve*- gehört. Dabei erscheint die 3. Sing. Ao. immer ohne Endung und die 1. Sing. Ao. kann bei allen Verben die Endung -*śe* (§ 103) annehmen. Z. B.:

vieϑ 'stehle': *uvoϑśe* oder *uvoϑa*, *uvoϑe*, *uvoϑ*
siel 'bringe': *usualśe* oder *usola*, *usole*, *usual*
hap 'öffne': *uhapśe* oder *uhapa*, *uhape*, *uhap*
lā 'wasche: *ulāśe* oder *ulāva*, *ulāve*, *ulā́*

martóń 'verheirate': umartúaśe oder umartova, umartove, umartua
ϑüeń 'breche': uϑüeśe oder uϑeva, uϑeve, uϑüe
bɛń 'mache': ubɛśe oder ubēra, ubēre, ubḗ.

Optativ uvieϑśa usielśa uhapśa ulafśa umartofśa uϑefśa ubɛfśa.

127. Im Imperativ tritt *u* in der 2. Pers. Sing. hinter die active Form: viđu silu hapu, danach auch luhu martohu; in der 2. Plur. vor die Endung -ni des Activs: viđuni siluni hápuni, danach auch l'áhuni martóhuni. Für die 2. Plur. kann auch die Form des Indicativ stehen: liđi und liđuni 'werdet gebunden'. Bei prohibitivem mos (= μή) tritt u vor den activen Imperativ: mos u-viϑ mos u-viϑni, mos u-háp mos u-hapni, mos u-lā́j mos u-lāni, mos u-martój mos u-martoni.

Umschriebene Formen des Passivs.

128. Das Futurum und der Conditionalis werden, wie im Activ, durch Verbindung des Conjunctivs und Imperfects mit *do* umschrieben, Perfect und das übrige mit den Formen von *jam* und dem Particip: *jam liđurɛ* 'ich bin gebunden worden' u. s. w.

129. Verba, deren Praesens- und Aoriststamm verschiedenen Wurzeln angehören, sind:

ap 'gebe' Imperf. ape und ipje, Ao. đaśe, Part. đenɛ, Pass. epem ipem

ciń 'komme' Imperf. vińe, Ao. erđa arϑtśe, Part. arđurɛ arđe

bie 'bringe' Imperf. biere, Ao. prūra, Part. prūrɛ, Pass. birem bihem

bie 'falle' Imperf. biere, Ao. raśe, Part. rɛnɛ rārɛ

dua 'will' Imperf. doje, Ao. deśa, Part. dúśurɛ, Pass. dūhem

r̄i 'sitze' Imperf. r̄ije, Ao. ndeńa, Part. nde̍ńurɛ

śoh 'sehe' Imperf. śihńe, Ao. paśe, Part. parɛ, Pass. śihem.

130. Der Übersichtlichkeit halber folgen hier die Paradigmen von *jam* und *kam* sowie eines consonantischen und eines vocalischen Verbums, mit Ausschluss der umschriebenen Zeit- und Modusformen.

Verba.

Indicativ Praesens.

jam 'ich bin'   kam 'ich habe'
jē   kē
εstε, ε   kā
jemi   kemi
jini   kini
janε   kanε.

Conjunctiv Praesens.

tε jem 'dass ich sei'   tε kem 'dass ich habe'
jes   kes
jetε   ketε
jemi   kemi
jini   kini
jenε   kenε.

Imperativ Praesens.

ji 'sei'   ki 'habe'
jini   kini.

Imperfect.

jese, isña 'ich war'   kese, kisña 'ich hatte'
jese, isñe   kese, kisñe
is, iste   kis, kiste
isim, isnim   kisim, kisnim
isitε, isnitε   kisitε, kisnitε
isinε, isninε   kisinε, kisninε.

Aorist.

kesε 'ich war'   patsε, pata 'ich hatte'
kē   patc
ke   pat, pati
kemε   patmε
ketε   patε
kenε   patnε, panε.

Optativ.

kofša 'ich möchte sein' paša, patša 'ich möchte
kofš   paš, patš   haben'
kofte   paste
kofšim   pašim, patšim
kofši(te)   paši(te), patši(te)
kófšine   pášine, pátšine.

Particip.

kene (kénure) 'gewesen'   pate páture ⎱ 'gehabt'.
                          pase pásure ⎰

Activ.

Indicativ Praesens.

131. kerkóń, kerkój 'ich suche'   vié϶ 'ich stehle'
kerkón   vié϶
kerkón   vié϶
kerkojme   vie϶me, viédeme, viédime
kerkoni   vi϶ni
kerkóńene, kerkój(e)ne   viédene, viédine.

Conjunctiv Praesens.

te kerkóń, kerkój 'dass ich   te vié϶ 'dass ich stehle
kerkón(t)š   suche'   vié϶tš
kerkońe   viede, vie϶ńe
kerkojme   vie϶me
kerkoni   vi϶ni
kerkóńene, kerkój(e)ne   viédene.

Imperativ Praesens.

kerkó 'suche'   vi϶ 'stiehl'
kerkoni   vi϶ni.

Imperfect.

kerkońa(m) 'ich suchte'   vi϶ja(m) 'ich stahl'
kerkońe   vi϶je
kerkonte   vi϶te
kerkónime   vi϶ime
kerkónite   vi϶ite
kerkónine   vi϶ine.

Aorist.

kɛrkova 'ich suchte' voda 'ich stahl'
kɛrkove   vode
kɛrkoi   vodi
kɛrkúamɛ   voϑmɛ
kɛrkúatɛ   voϑtɛ
kɛrkúane   voϑnɛ.

Optativ.

kɛrkofsa 'ich möchte suchen'   vieϑtsa 'ich möchte stehlen'
kɛrkófs   vieϑts
kɛrkoftɛ   vieϑtɛ
kɛrkófsimɛ   viéϑtsimɛ
kɛrkofsi(tɛ)   vieϑtsi(tɛ)
kɛrkófsinɛ   vieϑtsinɛ.

Particip.

kɛrkúarɛ 'gesucht'   viedɛ, viedurɛ 'gestohlen'.

Passiv.

132. Indicativ Praesens.

kɛrkohem, kɛrkonem 'ich werde   videm 'ich werde gestohlen'
kɛrkohe, kɛrkohes gesucht'   vide, vides
kɛrkóhetɛ   videtɛ
kɛrkóhemi   videmi
kɛrkohi   vidi
kɛrkóhenɛ   videnɛ.

Conjunctiv Praesens.

tɛ kɛrkohem, kɛrkonem 'dass ich   tɛ videm 'dass ich gestohlen
kɛrkohes   gesucht werde'   vides   werde'
kɛrkóhetɛ   videtɛ
kɛrkóhemi   videmi
kɛrkohi   vidi
kɛrkóhenɛ   videnɛ.

Imperativ Praesens.

kɛrkohu, kɛrkonu   vidu
kɛrkóhuni   viduni.

Imperfect.

kɛrkóheše(a) 'ich wurde gesucht'	videše(a) 'ich wurde gestohlen'
kɛrkóheše	videše
kɛrkoheš, kɛrkohej	videš, videj
kɛrkóhešimɛ	videšimɛ
kɛrkóhešitɛ	vidéšitɛ
kɛrkóhešinɛ	videšinɛ

Aorist.

ukerkova, ukɛrkúaše	'ich wurde	uvoda, uvoϑše	'ich wurde
ukɛrkove	gesucht'	uvode	gestohlen'
ukɛrkua		uvóϑ	
ukɛrkúamɛ		uvoϑmɛ	
ukɛrkúatɛ		uvoϑtɛ	
ukɛrkúanɛ		uvoϑnɛ.	

Optativ.

ukɛrkofša 'ich möchte gesucht	uvieϑtša 'ich möchte gestohlen
ukɛrkófš	werden'	uvieϑtš	werden'
ukɛrkoftɛ		uvieϑtɛ	
ukɛrkófšimɛ		uviéϑtšimɛ	
ukɛrkofši(tɛ)		uviéϑtši(tɛ)	
ukɛrkófšinɛ		uviéϑtšinɛ.	

Praepositionen.

133. 1) einfache.

ndɛ, geg. *nɛ* mit unbestimmtem Accusativ oder Locativ: 'in', z. B. *ri ndɛ štepí* 'ich sitze im Hause' *e vūra nd' arkɛt* 'ich legte es in den Kasten'.

ndɛr, geg. *nɛr* mit Accusativ 'unter, zwischen': *ndɛr nérɛzit* 'unter den Menschen' *ndɛr buŕa e ndɛr grā* 'unter Männern und Frauen'.

mbi mit Acc. und Loc. 'auf, über', z. B. *mbi truvezɛt* 'auf dem Tische' *hilpi mbi mal* 'er stieg auf einen Berg'.

mbɛ, geg. *mɛ* mit unbestimmtem Acc. 'auf, zu', z. B. *škoni mb' atɛ́ vɛnt* 'gehet nach jenem Ort'.

te, tek, mit bestimmtem Nom. 'zu', z. B. *vete te nérɛzit e mi* 'ich gehe zu meinen Verwandten' *vete tek im -atɛ* 'ich gehe zu meinem Vater' *vete te štɛpia* 'ich gehe ins Haus'.

pεr 'über, durch, für', z. B. *flisinε pεr trimεrinε* 'sie sprachen über die Tapferkeit' *siu pεr si* 'Auge um Auge' *kāj pεr εtāne* 'ich weine um meinen Bruder' *pεr tri dit* 'drei Tage hindurch'.

prej 'aus, von', z. B. *viń prej štεpisε* 'ich komme aus dem Hause' *mora kartε prej t'im-bir* 'ich habe einen Brief von meinem Sohne bekommen' *vdik prej urisε* 'er starb aus Hunger'.

nga (oder *kah*) mit bestimmtem Nom. 'aus, von', z. B. *viń nga štεpia* ich komme aus dem Hause'. *nga dü* 'je zwei'.

me mit Acc. 'mit', z. B. *me grā e me djem* 'mit Weibern und Kindern'.

pas (geg. *mbas*) 'nach', mit Gen. z. B. *pas dimεrit viέn vera* 'nach dem Winter kommt der Frühling' *pas fjáłεsε zotit* 'nach dem Worte des Herrn'.

pa 'ohne', mit Acc. z. B. *pa mua* 'ohne mich' *ńε-kint pa ńε* 'hundert weniger eins'.

para 'vor', mit Gen. z. B. *erdi para kóhεsε* 'er kam vor der Zeit' *para dέrεsε* 'vor der Thür'.

kundrε 'gegen', mit Gen. z. B. *punón kundrε nomit* 'er handelt gegen das Gesetz'.

iϑ 'hinter' (selten, = slav. *izъ* lit. *isz*), z. B. *iϑ meje* 'hinter mir'.

sipεr, siprε 'über, auf', mit Gen. z. B. *sipεr kurīzit* 'auf dem Rücken'.

jaštε 'ausserhalb', mit Gen. z. B. *jaštε štεpisε* 'ausserhalb des Hauses'.

134. 2) zusammengesetzte.

ndεpεr 'durch', z. B. *škova ndεpεr małet e ndεpεr fušat* 'ich zog durch Berge und Ebenen'.

ndεrmés, ndεrmiét 'unter, zwischen' *pεrmés* 'zwischen' mit Gen.

ndεnε 'unter', z. B. *ndεnε δēt* 'unter die Erde' 'unter der Erde'.

pεrmbí 'auf, über', z. B. *pεrmbí krüet* 'auf dem Kopfe' *pεrmbí ńε-kint viét* 'über hundert Jahre'.

prapa 'hinter, z. B. *diāli vete prapa s' έmεsε* 'das Kind geht hinter seiner Mutter'.

brεnda, pεrbrεnda (geg. *mbrεnda*) 'in, zwischen' mit Gen.

pɛrpóš 'unter' mit Gen.
pɛrvétš, auch *vetš* allein 'ausser' mit Gen.
pɛrtḗj, auch *tēj* 'jenseits' mit Gen.

Conjunctionen.

135. *e, eδé* (geg. *endé*) 'und'
a 'oder' *a - a* (oder *apó*) 'entweder - oder'
as - as 'weder - noch'
po (in Škodra *por*) 'aber'
se, sepsé, pɛrsé 'denn' 'weil'
tɛ, k̃ɛ tɛ, pɛr tɛ 'damit' 'dass'
ndɛ (nɛ) 'wenn'
ndónɛse 'obgleich'
kur 'wann' 'als' *posā̇* 'als' (gleichzeitig)
si, passí 'seit'.

LESESTÜCKE.

Drei toskische Märchen.

1.

Tsmiri nder dū mótera.

Iš ńɛ buŕɛ me ǵiϑɛ tɛ šoken šum i vápɛkɛ, e šókeja ište mbarsɛ, e tsila kiš eδé ńɛ mótɛrɛ eδé até mbarsɛ è šumɛ kámɛsɛ. po kejó nuk e dúantɛ até fare, sepsé iš e vápɛkɛ, as me sū nuk e šihtɛ. i erδi dita asáj pɛr tɛ lindurɛ, è passi nga skámia s kišnin as-ńɛ kevernì nde štepí tɛ türɛ, ϑot i šoḱi: špini e nde ľarɛ, ndónɛse ľari ište dū ōrɛ ľark, ḱɛ tɛ pieľɛ atié, teku do t a kenɛ ndotsá kuidés. e špunɛ atié, eδé ľindi nde mes tɛ natɛs ńɛ 10 tšupɛ. è até natɛ ǵiϑ-aštú ľindi ńɛ tšupɛ eδ e mótɛra, ḱɛ, sitš ϑamɛ, iš eδ ajó mbarsɛ. i erδen tɛ tri faťat pɛr tɛ ľidur fatin e tšupɛs, eδé zunɛ tɛ flasin šokmešók pɛr ató. e vógɛla ϑā: ‚unɛ do t a bēń kɛtó tšupɛ ḱɛ, kur t a kréhɛńɛn, t i derδen δiamandɛ nga ľešt e sáj.‘ e dūta ϑā: ‚unɛ do t a bēń ḱɛ, kur tɛ 15 kūńɛ, t i derδen margaritāra nga sūtɛ.‘ e treta ϑā: ‚eδ unɛ do t a bēń ḱɛ, kur tɛ ḱešńɛ, t i dáľɛ trendafil i ndrítšimɛ nga fáḱɛtɛ, eδé ḱɛ t a maŕɛ i bīr i mbretit pɛr grua.‘ kɛtó fjala i ndeǵoi e ɛmma. unís ajó tɛ nkɛϑehɛt nde štepí tɛ sáj, è tuke škuar uδes piket mbɛ tɛ bīr e mbretit pā ńohur setšé iš aǘ, i 20 tsili kiš dáľɛ me šumɛ ńerɛs pas, pɛr tɛ bariturɛ. kū i vū rē asáj tšúpɛnɛ venɛ nde diép, teku kiš ḱār ajó, è i kišnin rēnɛ margaritāra pas faḱeš, eδé i a ľüpi. po ajó i ϑā se kɛtó tšupɛ, se tsilɛs i bien δiamandɛ nga ľešt e kreit, margaritāra nga ľotet e sǖvet eδé trendafila nga fáḱɛtɛ, e kū pɛr tɛ maŕɛ grua 25 i bīr i mbretit. eδ aǘ i pɛrǵeǵet se ‚un i teri jam i bīr i mbretit.‘ ‚nde jē tí, i ϑot ajó, eδ unɛ t a jap.‘ atɛhere aǘ ndzoŕi unazen e ǵištilɛ tīj è i a δā sɛmmɛs, eδ e porositi tɛ mbāńɛ fjáľɛnɛ. usós prā ajó nde štepí tɛ sáj, eδé upɛrháp fjaľɛ se ajó ľindi ńɛ tɛ merüeršimɛ tšupɛ, tɛ tsiľɛn eδé dot a maŕ i 30 bīr i mbretit pɛr grua. tuke ndeǵúarɛ kɛtó ľaimɛ e mótɛra, ḱɛ

as i škeľte ndɛ štɛpi kuŕɛ́naj, taši me-vráp i erði asā́j pεr te
pāre me kake pergezime. passi urit tšupa, arϑ eðé dita kε
t a špien te ðénderi, i vién papá e mótεra ὲ i ϑotε: „vēmi tε
düja baške t a špiemε tšupɛn.‘ eð unisɛn tε düja baške me tε
5 dü tšupat e türe, ὲ škuan. tuke váiture uŕeitin drek n̄e fšati,
eðé kɛndruan atié, se mɛndóhɛšin tε vēn ὲ tε bl̄ēne ǵe per tε
ngrɛnε atié, tek s kišnin as-ǵe, eðé fšati s ište ľark. atɛhere i
ϑot e mótεra: „hik ὲ bl̄i ti ǵesendi ndɛ fšat, pa tšúpazɛt i ruan̄
unε.‘ ὲ ajó umbesua eðé vaiti. ὲ e mótɛra mori tšupεn e asā́j
10 ὲ i ndzoŕi te dü sütε, eðé e hoði nde n̄e plεhε t atij fšati. kur
unkεϑüe ajó, i ϑot: jot-bije uterbua, eð iku ὲ mori māľε. ak
e ndoka kε t a zē, sū rāše kεmbeš, pō s e zura dot‘. ὲ te dü
šüt e tšúpεzεsε miere i kiš mfšehur ajó nde ǵi tε sāj. e zeza e
emma mbesoiti eðé zuri te kārεt, ὲ ajó po e ŕεkōnte sikúr pikε-
15 ľohēj. mbεsεfundi ϑot e ǵora mεmmε sε „s kēmi tše tε ben̄εm
taši tek i bir i mbretit, pō haj tε nkεϑénemi‘. ὲ e mótεra i ϑā:
jate kēmi tšúpεne time, eðé i a špiemε nde vent tε tšúpεsε satε.‘
ὲ ajó ubint, eðé muāŕen uðen pεrserí eð usosεn nde kütét tε
mbretit, ὲ posa vaitin atié e vuri ketë mótεra e ľigε tε rúan̄ε
20 pátatε. ὲ tšúpεzεn e miere, ke kiš mbéture ndɛ plehεt, škōn
andéj ὲ e ǵen n̄e gomarjā́r, i tsiľi, posa e pā se i ŕiϑnin asā́j
margaritāra nga sütε, e mori ὲ e špüri nε štεpi tε tij, eðé mǘ
pare i ðā tε hāje, kε tε maŕ ajó pákezε vehten. tek e mbānin
me tε mire tšúpεzεn hem aü hem e šókεja, keši ajó n̄e ditε, eðé
25 númεta i doľi n̄e trendafiľ nga fakεja, ke ndriti posi škrepεtimi,
ὲ atá upataksεn. atɛhere i ϑot e šókεja gomarjā́rit: „meŕ keté
trendafiľ eðé etse ndɛ kütét ὲ špiér e mun te pελas i mbretit, se
atié do t e šetš me nðēr tε maϑ. amá mos t a šetš me pará,
pō me sū n̄eriu.‘ eð aü vaiti atié, ὲ tek i ndritɛnte trendafiľi
30 posi ŕez e dieľit, pikasi sakák e emεt e tšupεs, eðé doľi me-
vráp, ὲ e bľeu me n̄erin sū perapε pe tε tšúpεzεs, k i mbānte
fšéhurε ndε ǵit. posa e mori, škoi ndε tšast ὲ vaiti tek i bir i
mbretit eð i defteu até eðé tsa margaritāra ke kiš nga ľotet e
tšúpεsε. ŕahu t a ǵen̄en̄e até ὲ t i a japε tšupen e sāj, sikúr
35 kejó iš e verteta e vľüera e atij. pō aü nuke mbesōnte, se mbānte
mεnt mire tšupen ke kiš zεnε, eð unazεn k i kiš ðenε sémεsε.
ὲ gomarjā́ri i soľi sǘnε tšúpεsε eðé i a vendosi mire fare. ὲ tšú-
pεza aks fort ugεzua sā nga gεzimi keši eð i doľi eðé n̄e tjeter
trendafiľ ǵiϑaštú i ndritšimε. e šókεja k até tšas dergoi gomar-
40 jǘrin ndɛ kütét ke tε šes eðé keté trendafiľ, sitš kiti tε parin,
me sū n̄eriu. eð aü posa vaiti, i a šiti pεrserí se émεtεs tšupεs
me sünε tjétere, tε tsiľin vrapo i a prü tšúpεsε eðé i a vendosi

eðé keté ak mīrɛ sā ubē ajó me sū positś iśte kɛ pɛrpara. pasandáj gomarjāri me tɛ śoǩen tuke pārɛ keté vaśe me tɛ kɛtila ðurata tɛ tśuditśime, θānɛ se ‚keté nuke kā hie pɛrvetśe t a maře i bīr i mbretit pɛr grua.' è kɛśtú e mori aû eðé e śpū ndɛ pɛlasɛ. è posa e pū tśupɛn i bīr i mbretit e ńohu, eð ukuitua ǩɛ kiś ðɛn 5 eðé unazɛn pɛr vlesɛ. e mori prā tśúpezɛn pɛr grua, daroviti eðé gomarjārin ǩɛ e śpɛtoi keté, darova mbreti. è pas tsa ditś passi ndegoi tɛ keǩiatɛ ǩe e émta i kiś bērɛ tśupɛs — ndzieřɛ tɛ dū sūtɛ eðé heður tɛ vérbɛrɛ ndɛ plehɛt — urðeroi è e múařɛn atë grua è e bēnɛ tsópɛra tsópɛra eðé e hoðɛn kénavet. pastáj 10 dɛrgoi è i súaɫɛn eðé t ɛmmɛn e tśupɛs, vjéheřɛn e līj, tɛ tsiɫen e mveśi me řoba tɛ hieśime sī mɛmmɛn e mbretɛréśes. è kɛśtú mbesefundi řoitin sebaśku me daśurí è me bukɛ t émbɛɫɛ, è śkuan jetɛ me gas è me tɛ mīra śumɛ.

As pɛřaɫɛ s ju řefëva, po deśa è ju geńëva. 15

2.

Plaku keśiɫón.

Ńɛ pɫakɛ e vobekɛ kiś ńɛ bīr tɛ vétɛmɛ è řónte me kursím tɛ maθ nga vopezia. pas tsa kohɛ i θotɛ diaɫi sɛmmɛs: ‚dotɛ vetɛ ndɛ ðē tɛ húajɛ tɛ fitóń parā, pa pɛr tre vietɛ vīń pɛrapɛ'. ‚Jo, 20 bīr, i θotɛ pɫaka, nuk tɛ ɫē t ikeś.' ‚dotɛ vetɛ, i θot aû, pa s mɛnóń mē śumɛ se tre vietɛ.' è tɛ pastáimen e ɫā e ɛmma, eðé śkóiti diaɫi. vatɛ è punoi tre vietɛ, è fitoi ǵiθe-séj tre grośe. è sepsé ařiu koha e tɛ tre viétevet ǩe kiś ɫiður fjaɫɛ me tɛmmɛn, deśi tɛ nkeθehet ndɛ vent tɛ līje. mbɛ tɛ nkeθûerɛ ńɛ natɛ 25 undoθ me pes a gaśtɛ śokɛ è ndɛr ta iś eðé ńɛ pɫak i méntśimɛ. mbɛ fjaɫ è sipɛr püeti pɛr pɫakun setś ńeri eśtɛ aû, è i θanɛ: śet fjaɫɛ me parā. utśudit, è po mɛndonëj, vaɫɛ tśɛ lojɛ fjaɫeś dotɛ śesɛ aû. è ndonɛ se s kiś śumɛ parā, ndzoři ńɛ groś eð' i ɫūpi ńɛ fjaɫɛ pɫakut, sā pɛr tśudí. pɫaku prā i θā: ‚ndɛ ɫumɛ 30 tɛ túrbuɫɛ mos śkóś.' aû po hápɛnte sūtɛ! è θā me vétɛhe, se s eśtɛ ndońé fjaɫ e maðe kejó. ‚pa tɛ priś, θā, eðé ńɛ groś sā tɛ śoh pa mɛ kéneka θēnɛ tɛ mos vetɛ ndɛ śtɛpí tanī pō tɛ nkeθenem pɛrapɛ.' i ða eðé ńɛ groś pɫakut eðé pɛr ńɛ fjaɫɛ. pɫaku i θā: ‚gruan ndɛ dorɛ tɛ botɛs mos e ɫeśóś.' kejó fjaɫɛ 35 sikúr i pɛɫǩeu diaɫit, sadó ǩe as kejó s i udúk áǩɛ fort e vɛjéśime. aû kuitónte se munt tɛ diɫtɛ nga pɫaku ndońé mpsim pɛr tɛ ǩɛnɛ, vetśe ǩɛ i vīnte keǩɛ se s kiś parā tɛ hardźónte. umɛndúa

tɛ hardžóńɛ eδé tɛ tretin è tɛ ɛétɛmin groš kɛ kiš, pastáj, ndē iš
nevojɛ, tɛ nkɛϑéhetɛ pɛrapɛ ndɛ δē tɛ húajɛ pɛr tɛ fitúarɛ tɛ
tjera. è i lúpi eδé tɛ trétɛnɛ fjalɛ plakut. plaku i ϑā: ,bagɛ-
tiɛn ndɛ dorɛ tɛ húajɛ mos e lēš.' è diali tani, passi mbeti pa
5 parā, umɛndua ngaha tɛ vējɛ. po ϑā: ,ńɛhɛrɛ kɛ ertšɛ gɛ́rɛ kɛtú
áfɛrɛ vɛndit timɛ, vetɛ sā tɛ šoh mɛmmɛn pak ditɛ, pa ikɛn
pɛrsɛri.' tuke étsurɛ aδá aŕiu ndɛ ńɛ lumɛ tɛ túrbulɛ è tɛ fēlɛ
eδé mbeti, pɛrsé i ukuitua fjalɛ plakut: ,ndɛ lumɛ tɛ túrbulɛ
mos škōš', e po mɛndohēj tšɛ tɛ bēńɛ. javo vién ńɛ tatár húpurɛ
10 mbɛ ńɛ kālɛ tɛ mirɛ eδé me tre kúajɛ tɛ tjerɛ pas, i tsili eδé pɛr-
keš até sepsé kiš frikɛ tɛ škońɛ ndɛ pɛr lumɛϑ. tatári i lū
dialit tɛ mbāńɛ tɛ tre kuajt e tjerɛ, gɛrɛsā́ tɛ vɛštrońɛ aū è tɛ
gēńɛ vān e lumit, eδ' i rā kālitɛ i hakɛrúarɛ è hūri ndɛ lumɛt,
po s bēri gašt a štatɛ tšapɛ dot eδé umbūt. dialit i mbetɛn ndɛ
15 dorɛt tɛ tre kuajt e tatárit tɛ tsilɛt išnin ngarkúarɛ me floríń.
ndónɛsɛ aū eδé sɛ dīntɛ gē. passi umɛndua pákɛzɛ diali, mori
kuajt eδé zū udɛn e diaϑtɛ eδé pā váturɛ šumɛ largɛ, gēti úrɛnɛ.
atɛhɛre atíj i hūri ndɛ mɛndɛ fjalɛ plakut eδé besoi se ató kɛšila
dot i vɛjéńɛn atijɛ. usós ndɛ štepiɛ tɛ tijɛ natɛn eδé trokiti mbɛ
20 dɛrɛt, pō e ɛmma nukɛ dōntɛ t i hápɛńɛ dɛrɛn, pɛrsé nuk e
ńohu. i ϑōš: s jē ti im biŕ. koha kɛ kišim bēnɛ ,tɛ viń mbɛ tre
vietɛ' kapɛrdzeu. mezi i a mbusi méndɛjɛn aū sā t i hápɛńɛ
dérɛnɛ. tškalkoi kúajtɛ diali eδ i pā se kéɛnɛkišin giϑɛ floríń,
pō e ɛmma trembēj è s dīntɛ sekū t i štiērɛ atá. kū ϑā: i
25 fšéhimɛ ndɛ kilárt fēlɛ. è kuajt i špúri aū jaštɛ fšatit pákɛzɛ
largɛ pšéhɛzazi eδ' i lɛšoi, se-mós i a gɛntɛ ńɛri ndɛ dorɛt, è
atɛhɛre zihēj pɛr kusár. pō kū sadó ubē akɛ šumɛ i pásurɛ, iš
krüɛ-úńɛtɛ giϑɛńɛ́ eδé hardžin e štɛpiɛs kiš tɛ pakɛ. dalɛ-nga-
dalɛ ndreki tsapák štɛpīnɛ, bleu eδé ńɛ pelɛ tɛ mirɛ, pastáj
30 umartua eδé bɛri eδé ńɛ dialɛ. bɛnej ńɛ dásɛmɛ atɛhɛre atié, tɛk
ftuan eδé atɛ́. pō aū ditš s mūntɛ eδé s deši tɛ vējɛ. pastáj i
uvūnɛ e ɛmma eδ' i kunati kɛ t u lérɛ tɛ šokɛn me giϑɛ dialin
fošńɛ tɛ vēnɛ baškɛ pɛr tɛ halavíturɛ, eδ' aū, sadoke kiš ndɛr
mɛnt fjalɛn e plakut ,gruan mos e lɛšōš ndɛ dorɛ tɛ botɛs' ubíńt
35 nɛ fjalɛt e atürɛ eδ' i lā, e vaitin mbɛ dásɛmɛ e ɛmma, e šókɛja
me giϑɛ fošńɛn, eδ' i kunati, sitš ϑūmɛ pɛrsípɛrɛ. aū pɛr tɛ
gétʉrɛ, a kā tɛ ngárɛ kɛšil e plakut a jo, umveš me r̄oba tɛ
húaja eδ' ungrit è vaiti pšéhuraj mbɛ dásɛmɛ. pasandáj atié
tɛk lúantɛ valɛ e šókɛja, kɛlét, si ńɛri i húajɛ è i pańóhurɛ, ńē
40 plakɛ kɛputsɛ-grisurɛ, kɛ, ndɛ mūntɛ, t i sielɛ akɛtsilɛn zońɛ
(pɛr tɛ šókɛnɛ e tsila po lúantɛ valɛ) ndɛ ńɛ kaštōre k iš atié
pɛranɛ, pɛr tɛ fiɛtur até natɛ me tɛ. è pɛr kɛté punɛ i taksi

šúmɛ floriń, hem pɛr tɛ hem pɛr zońɛn hem pɛr tɛmmɛn è tɛ
vɛtắn e sājɛ. è atá kur deǵuan áḱe šúmɛ parắ, i a špūnɛ zońɛn
me ǵiϑɛ fošńɛn ndɛ kaštōret. è ko s e ńohu fare buṝin e sājɛ.
aštū passi e zū ǵumi kɛté zońɛ tɛ tóδurɛ nga váłeja, ngríhetɛ
buṝi ngadáłezɛ pā ndierɛ ajó, meṝ diáłɛϑin e tij edé šḱōn fšé- 5
huraj ndɛ štɛpītɛ tij, è fošńɛn e pšehu nɛ ḱiłárt. mb ató dit i
kiš maṝ edé kumbáreja hua pélɛnɛ mbarsɛ kɛtij pɛr tɛ špēnɛ me
tɛ tsa driϑɛ nɛ mułi, tek iš zotúarɛ se nuk do ngałɛkōnte baṝɛ tɛ
rendɛ mb até sepsé iš mbarsɛ. amá buṝi i kiš derǵúarɛ fšéhuraj
ńē diáłɛ tɛ pańóhurɛ atij, ḱe vinte pas pélɛsɛ ńɛ tšikɛ tɛ łargu 10
pɛr tɛ vɛnɛ rē, è námeta deštóiti peła mb uδɛ, è kü diáłɛ, passi
ułárgua kumbáreja me pélɛn, mori mezin tɛ ngórδurɛ è héδurɛ
kɛtié edé i a soli buṝit nɛ štɛpít, i tsiłi e fšehu edé kɛté nɛ ḱiłárt.
nésɛrmet kur udzǵua zońa nɛ kaštōret è pā se diáłi łúpsej,
utrémp pā masɛ, è passi s kiš tiéter aṝesüe pɛr húmbɛjen e diáłit 15
i vū fšéhɛtazi ziáṝ kaštórese, e doǵi edé hapi fjáłɛ se diáli udoḱ
brenda, eδ' aštú vaiti nɛ štɛpīɛ tek i šoḱi. è kü, passi umbɛłoδen
atié e ɛmma, e šoḱeja, kumbáreja, i ϑote tɛ šoḱes tɛ zbresɛ ndɛ
ḱiłárt è t u ḱitɛnɛ nga ńē kupɛ vērɛ. kur hün e šóḱeja nɛ ḱiłárt
è ǵen atié fošńɛn, ukuitua se i šoḱi pásɛka maṝe vešt pabesien 20
e sājɛ, edé mbet e stapíturɛ, è mɛ s i benin kembɛt pɛr tɛ nkɛ-
ϑüerɛ pɛrapɛ ndek aü. kü, passi mɛnój ajó, dergoi t' ɛmmen tɛ
vējɛ è t u sielɛ vērɛn. pō edé kɛjó kur pā diáłɛϑin nɛ ḱiłárt,
ngriu túrpɛjet edé mbeti ǵiϑaštú. passi mbet atié eδ' e ɛmma,
è aü dinte mɛhánɛn, dergoi kumbaren tuke ϑɛnɛ: „etsɛ ti, ōr 25
vełắ, šekó se tše bēńɛn atá ńérɛzɛ, edé sielɛ na ńē vērɛ tɛ pimɛ.'
tɛ zbríturit edé kumbáreja nɛ ḱiłárt ǵeti pɛrpara mezin tɛ ngór-
δurɛ edé me tɛ párɛtɛ i ukuitua faji eδ' ufštet edé kü bašḱɛ
me ató. atɛherɛ zbriti buṝi vetɛ me ńē drū nɛ dorɛt, è i ṝahu
atá tɛ tre bukur è mīrɛ, edé i zboiti. kɛštú buṝi besóiti me ǵiϑɛ 30
zɛmbrɛ se kɛšiłat e płakut ḱénɛkan tɛ pɛrvúiturɛ è tɛ sakta, edé
urōnte me ǵiϑi špürt até pɛr kɛtó mpsime ḱe i δū è ḱe uzbɛgát.
as pɛṝałɛ s ju ṝefeva, pō deša è ju geńeva.

3.
Ḱerozi.

Ḱe ńē mberét ḱe kiš tre diema, kiš edé ńɛ kópɛštɛ tɛ búkurɛ
fort, i tsiłi pɛrmbi tɛ ǵiϑa kiš edé ńɛ drū ftúaje ndɛ mest ḱe nga
mot piłte tre ftońe véteme, pō edé kɛtá tɛ tre iš mɛsúarɛ lámia

è vinte ġiϑɛńɛ́ è i a hānte. mbɛreti iš i dišɛrúare pɛr tɛ ngrɛnɛ
ńɛ ftua nga atá, tek i a kiš zapɛtúare lámia, è úšine fort tɛ
mīrɛ. tuke ḱɛnɛ keštú, i utɛ́k diáłite parɛ tɛ vēje è tɛ rúańɛ
ftuan nga lámia, ɛðé vate ufanɛ́ps tek i āti ḱɛ tɛ maŕɛ izɛn
5 prej atījɛ, harmɛ ɛðé tri lambaðe pɛr tɛ ndríturɛ natɛn. i ðā
jēɛn i āti ɛðé ġiϑ ató ḱɛ łupi, ɛðé diaḱi vate ndɛ kópɛštɛt è zūri
vent mbi ńɛ łis ḱɛ tɛ rúhɛtɛ, è po pɛristɛ lámiɛn. è lámia, pas
zakónitɛ sājɛ, erϑ ndɛ mes tɛ natɛs, è poḱɛ pā drite, ukuitua
se i kanɛ bērɛ pɛritɛ, ɛð' udérϑ me sułmɛ tuke páłurɛ me ńɛ zī
10 tɛ šɛmɛtúare, r̄ɛmbeu ńɛ ftua, ɛð' iku sī r̄ufɛ́. è diałi i dréðurɛ
frike s bēri dot as tšak, pō tɛ nésɛrmen i vate tēt i pikɛłúarɛ è
i mbérðurɛ nga frika e lámiɛs, ɛð i r̄ɛfeu sesí i ġau. pō tēt i
erði šūmɛ keḱɛ pɛrsé biri i tījɛ ḱɛnɛḱej kaḱɛ frikamani. pasan-
dáj uhóϑ diałi dūtɛ è ϑā: dotɛ vete ūnɛ tɛ mbroń ftúanɛ. ɛðé
15 vate tek i āti tɛ maŕɛ jēɛ, harmɛ etr. pō i āti me-zi e ła me
pásurɛ pasɛkūrɛn e tɛ páritɛ frikamánitɛ. aní mori ɛðé aü ġiϑ
ató sā łupi ɛðé vate tɛ rúańɛ ftuan. po ɛðé aü e pɛsōi si ɛðé i
pari. se i erϑ lámia, r̄ɛmbeu ftuan e dūłɛ, è aü s e mbroiti dot,
pō unkɛϑūɛ i turpɛrúarɛ tek i āti. è diał i tretɛ tɛ tsiłin tɛ
20 vɛłézɛrit, sepsé iš ɛðé ḱɛrós, e kišnin tɛ mɛrzíturɛ, tuke parɛ
kɛtá turpe mbɛ atá, ugɛzua tépɛrɛ, ɛðé doli pɛrpara tēt è i mori
fjałɛn ɛðé tɛ tiera ġiϑɛ sā i dúhɛšin pɛr tɛ mbróiturɛ ftuan, ɛðé
vate è umfšéh mūn pɛrpara drúritɛ sājɛ. kur erϑ lámia, ndɛ
tšast i ułɛšua kü me zɛmɛr è me trimɛriɛ ɛðé i rā me tšoŕɛ è e
25 plagosi rɛndɛ ḱɛpá̈ maŕɛ ftua, aḱɛ sā iku prap ajó mbɛ ditɛ tɛ
keḱɛ. tɛ vɛłézɛrit kur pānɛ trimɛrín e ḱɛrozit łɛhúanɛ húndɛtɛ,
è u arði ziłi, sepsé atá mbɛtnɛ ndɛnɛ turp mbɛ łuftɛn e lámiɛs.
pō me ġiϑɛ kɛtó posa dɛ́guan atá sokɛłimat e atíj ɛðé tɛ páłurit
e lámiɛs usułɛn ɛð' atá pɛr tɛ ndíhurɛ, ɛð' e ndoḱɛn egɛrsírɛn
30 ġerɛsá̈ ajó hūri ndɛ ńɛ vɛrɛ, tɛ tre sɛbašku. amá kur atá po
r̄ininè mɛndóhɛšin atié pɛranɛ vérɛtɛ ɛð' asńɛ nga atá kudžonte
tɛ húńɛ ndɛ vɛrɛt pɛr tɛ ġéturɛ štrofkɛn e asá̈j, vete papá i
patrémbɛšmi ḱɛrozi kuturisi tɛ húńɛ. è ḱɛpá̈ hūrɛ łiði ńɛ fjałɛ
me tɛ vɛłézɛrit sā tɛ ḱēnɛ ńɛ šeńɛ pɛr tɛ undeġúarɛ ndɛr ta, ɛð'
35 u łā atīre anɛt e tɛ dū łitárɛvet — tɛ ziut è tɛ barðit — me tɛ
tsiłɛt ungɛ́š aü pɛr tɛ ułɛšuar poštɛ ndɛnɛ ðēt, me ḱɛté porosí:
kur aü tɛ túndɛńɛ łitárin e barðɛ, dō tɛ ϑote se aü ġendɛt mīrɛ
è pak; è kur tɛ tuntńe tɛ zīnɛ, atɛhɛrɛ dɛftɛ́n se éštɛ mbɛ rɛzik.
è dúhɛt t a tɛrhɛḱin atá me tɛ tšpeitɛ pɛr tɛ špɛtuarɛ. dzbriturɛ
40 poštɛ ndɛpɛr vɛrɛt ḱɛrozi, posa škɛli ðē, zū tɛ vɛštrōńɛ è tɛ kɛr-
kōńɛ ġurmat ɛðɛ štrofkɛn e lámiɛs. è tuke trapitur andéj è
kendéj, ġeti pɛr ðē ńɛ płotše tɛ hɛ́kurtɛ rɛnɛ mbi ńɛ vɛrɛ, è passi

mezī e hoḱi atė nga vɛra, dzbriti ndɛpɛr tɛ trī škátɛza poštɛ eðė
škeḱi ðē tɛ fortɛ. atié ǵeti nɛ štɛpí tɛ vóǵɛlɛ è posa trokiti mbɛ
dɛrɛt t asāj, i doḱi nɛ tšup e búkurɛ, nɛ nga tɛ trī tɛ búkurat e
ðēut, e tsiḱa passi e pɛršɛndoḱi, e pūeti atė pɛr tšɛ kā árðurɛ. è
ḱerozi i upɛrǵėḱ se kā arður pɛr tɛ vrarɛ lámiɛn, pɛrsė ǵiϑe 5
bota s kanɛ ḱɛndrɛ prej droe. è tšupa i ϑā: sū pɛr tɛ vrarɛ lámiɛn
aḱ tɛ fuḱišimɛn duhet tɛ mɛndōnɛ mē parɛ a ɛšt zoti, eðé se kā
pɛr tɛ štīrɛ krūet e tīj nɛ torbɛt. pastáj i ϑā: ndɛ vrāftɛ dot
eǵɛrsīrɛn aū, dotɛ ḱúhaet nɛ špɛtuas i kɛtíj vendi, eð' ajó e kū
pɛr tɛ marɛ pɛr burɛ. eðé i ðā atī pɛr vlɛsɛ eðė pɛr šɛnɛ tɛ 10
virǵɛríɛsɛ sāj nɛ furkɛ ḱɛ līrtɛ vetiu ār, tɛ tsiḱen aū e pɛrpoḱi
pɛr ðēu, eð' e bēri nɛ molɛ t ārtɛ. tukɛ vditurɛ mē tēj aū, pā nɛ
tjetɛr štɛpiɛ eðé trokiti ǵiϑaštú mbɛ dɛrɛt tek i doḱi nɛ tšúpɛzɛ
mē e búkurɛ eðé mē e hiéšimɛ se e para, e tšiḱa eðé kɛjó i bēri
ǵiϑató fjaḱa, è tɛ pastajmen i uzotua ḱɛ ndē vrāftɛ lámiɛn, do 15
t a marɛ pɛr burɛ. i ðā eðé pɛr vlɛsɛ nɛ stagua mbi tɛ tsiḱin iš
škrúaiturɛ nɛ langua, ḱɛ po ndiék lɛpura, tɛ tsiḱin stagua eð'
até tukɛ pɛrpiékurɛ pas ðēu e bēri molɛ t ārtɛ. i pɛrtsiėl aū
prej tšupɛs ǵeti mē brenda tɛ trétɛnɛ štɛpiɛ, è posa i trokiti
dérɛsɛ, i ufanéps nɛ vájɛzɛ mē e bukur è mē maðɛštórɛ se tɛ 20
parat e tsiḱa iš motɛr e atūrevet. è passi upɛršɛndošin è folɛn
nɛrimɛjátɛrin disā ḱaika è paiḱa, pas zakónitɛ, i ðā eðé kɛjó ati
nɛ kovatškɛ me dūmbɛðietɛ zoga pɛr vlɛsɛ, se dot a marɛ pɛr
burɛ, po aū tɛ vrasɛ lámiɛn. pastáj kɛjó e špūri è i deftɛu
štrofkɛn e bistrɛs e tsiḱa s undóϑ atié atė tšas. aū prā, tek 25
usual pakɛz atienaj tukɛ mɛndúarɛ sɛḱūš tɛ vrasɛ me koláj atɛ
bistrɛ, námɛta šeh se ḱargu nɛ kūm nɛrɛziš ḱɛ pertsiḱnin tukɛ
ḱār è uḱeriturɛ tɛ bijɛn e mbretit ati vendi tɛ tsiḱen i a špininɛ
lámiɛsɛ pɛr tɛ ngrɛnɛ. pɛrsė kišmin dɛtúrɛ nd atɛ vent t i apin
lámiɛsɛ nga ditɛ nɛ tšupɛ pɛr tɛ ngrɛnɛ pas škúrtɛzɛ ḱɛ štinin 30
pɛrmbi ǵiϑe tšúpatɛ, sī nɛ porés pɛr ujet ḱɛ i lɛšōntɛ vendit, tek
e kiš ajó ndɛn urðɛr tɛ sāj. è kɛštú atė ditɛ i kištɛ rēnɛ (rārɛ)
škurta se bijɛsɛ mbretit, se zézɛsɛ, tɛ tsiḱen e súalɛn me ḱárɛja è
ϑirma, eðé e lān atié è ikɛn. ḱerozi tukɛ pārɛ tšupɛn tɛ mékurɛ
se ḱāritɛ te po dridej è po guḱšōntej, umaḱɛnūe, eðé i unḱās è 35
e pūeti: tšɛ kē, moj tšúpɛzɛ. eð' ajó i tregoiti tɛ tērɛ kɛtė istorie,
sindɛḱūr ϑāmɛ mē parɛ. atɛhɛrɛ i ϑū aū tɛ mos trembet se aū
dot t a špɛtōnɛ. mbɛsɛfundi erði lámia e pɛrǵákurɛ keḱ nga pḱa-
gut ḱɛ kištɛ marɛ prej sī ndɛ kópɛštɛt, è tšupa tukɛ morituur
ḱerozin, i tsiḱi po flintɛ mbɛštéturɛ krūet mbi pɛḱinɛt e asāj, 40
posa e pā, udróϑ frikɛ eðé lɛšoi nga sūt e sājɛ mbi ḱerɛn e
ḱerozit nɛ lot aḱɛ tɛ ndzéhɛtɛ, sū aū udzǵua ndɛ tšast è uhóϑ

dεrëit è mbε kεmbε i trémburε, εδé püeti tšupεn: tš εštε? è ajó
nga laftaría e maðe nuk foli dot me gojε, pō i dεfteu me sü
lámiεn ati. atεhérεnaj aü i udḗrϑ posi ńε ǵarpεr asā́j, εδ' e
goditi pεr ngórδεjε: akε sā ajó nukε mundi as t i kεndrōńε, as
5 t ikεńε. pō vaiti è ufút ndε mburím tε üjitε. tε hürit ajó ndε
mburimt tšfrüri ujεt kε lüpsej, εδé mblöiti virεrat tuke r̄iéðurε
ndεpεr fšat, pεrvεtse se vinte tε túrbułε prej ǵákutε plágavεtε
lámiεs e tsiła mb atέ tšast εδé ngorδi. è tšupa. kεjó bíjε
mbεreti. i uafεrua kerozit, è passi i ufal ndέrεjεs atij me tε
10 pεruńεt è me ndḗr tε maϑ tuke ϑεn ati se sε i a kā pεr tε harúa-
arε kεté tε mirε tek i špεtoiti krüet asā́j, mbłoi enεt e sāja me
ujε εδ unkεϑüε ndε pεłást. kur e pān atέ pεrindεt εδé far e
asā́j, i a δánε gazit, è me ńε ϑagmε tε maðe zunε t a püesin
sekü̈š špεtoiti nga bistra. è ajó u tregoiti me raðe tε giϑa,
15 sekü̈š e špεtoi trimi, tuke štuare se aü s kiš εδé ikurε nga štrofka
e lámiεsε. andáj mbεreti urðεroiti ndε tšast tε vrapońεn è t e
siέłεńεn pεrpara trimin, i padúaršim pā tε šohε tε kεtiłin būr̄ε
kε kē i zoti tε vrasε lámiεn, εδé t i špεtōńε tε bijεn. pas úrðε-
rite mbεretit baitin εδé e súałεn pεrpara ü, è kü̈ posa e pā, i
20 ungrit mbε kεmbε, è e pεriti me ndḗr tε maϑ, e vü εδé tε r̄ijε
pεranε ü. pasandáj tuke łεvduar trimεriεn e atij, è tuke r̄εfüεrε
detürεn è dašuriεn e maðe kε mori mbε tε, i ϑā: dua tε mε ϑuaš
è tε mε łüpεš pā droe tšε tε dō zémεra, makā́r εδé ǵümεsεn e
mbretεríεsε sime, se dεšεroń tε t a jap, sā tε tšpεrblέń kεté tε
25 maðe tε mirε kε mε špεtōve bijεn εδé puštetin tim prej lámiεsε.
pεrvétš kεsā́j mε kā εnda tε t ap εδé tšupεzεn kε špεtōve pεr grua
ndε tε pεłkēn. è trimi i upεrǵέk se ukεnā́k tépεrε pεr ndḗrt è
dašuriεn e maðe kε aü i soli, è se taši nukε kā pεr tε łüpurε ǵē,
pō paskεtáj po t i vińε ndōńé nevołε, dot i łüpεńε me zεmbrε
30 krahun εδé hien e atij, εδé iku mejáft i kεnákurε nga an e
mbεrétitε. sε andejmi trimi škoiti dεrëit ndε tε tri tε búkurat e
δëut tε tsiłat e pεritεn me gas è me dašuri tε maðe, εδ' i ϑánε
se išnin gati è me bēsε, pas fjałεs kε kišnin lidur, pεr martεsε.
εδ' aü u foli me giϑe zεmbrε, mε pastáj u ϑā se pεrandáj erϑ
35 kε t i mar̄ε me vεhte tε tría, persé tε dü mε tε mεδátε i kā pεr
tε martúarε ndε tε dü tε vεlézεrit mε tε mεðeńtε, è tε vógełεn
fare dot e kete pεr vehte. kεštú aðá ubε̄nε gati εδ' unisεn tε
katεr mbeńé pεr tε váiturε ndε botε pεrmbí δē, tšúpatε kišnin
mar̄ε me vehte giϑε mē tε vεjéituratε płatška εδ' i váitine vεrεs.
40 atié kerozi δā zε̄ tε vεlézεrvet kε po pεrisnin pεrmbí δēt εδ' i
lεšuan ndε tšast litärat. εδ' aü liði me litā́r mē parε tε maðenε
εδé u ϑır̄i atürε t a hekinε, tuke ϑε̄ne se kεté vajεz e kā šeńúarε

pεr vεlắn e maϑ. kur ngritεn εδé tε dū́tεn u ϑā se kεté e kā́ pεr
vεlắn e dū́tε. pō nd até hop kur atá po ngrinin tε dū́ tšupat e
para, i flet e vógεla fare (e tsiľa iš mē e búkura se tε tjerat)
djaľit è i ϑotε: „mua mε r̄εfehet se ti kē pεr tε pεsúarε n̂ε ģ-
kεtú pεrsé tεt vεľézεrε kanε méndεjε tε ľigε pεr tū́. è po mεn- 5
dṓn̂εn tε tε ľεren̂εn mbε kovε kεtú k̄ε tε humbeš ti, è mua mē tε
búkurεn tε mε trašεgṓn̂εn atá. amá ti mos utrém. po ndε mbetš
kεtú, tε vētš vrapo ndε folē tε bistrεs è atié do tε ģejïš dū́ dešin̂,
n̂ε tε zī è n̂ε tε bardε, eδé tε r̄εmbejïš tε bárdinε, se aū dotε tε
nģitn̂ε mbi δēt. vétεmε ki mεnt è keló mīrε mos zeš dakin e zī, 10
se atεherε do tε mbeteš kεtú eδé jē i húmburε pā fjalε. pa unε
nuku dot ipεm ndε tεt vεľézεrε as eδé ǵērε mbε vdékεjε, ndónεse
atá janε pandéhurε mb até méndεjε tε ģεn̂ūeršime, pō dotε pεrés
tū́ ǵeresā tε vin̂eš.' tε vεľézεrit lešuan pεrsetreti ľitárin è tεrho-
kin eδé tε trétεnε vájεzε, papó posa e pānε kεté ak̄ε tε búkurε, 15
ndónεse k̄erozi u δā zē se k̄εjó εšt e ľija, paituan tε dū́ tε ľεren̂εn
k̄erozin poštε. è kū́ prā i ľεrūerε nεnε δēt, kuitoiti porosiεn e
tšupεs eδé vaiti mε-vrapε ndε folē tε lámiεs, teku ǵeti vεrtét
dū́ dešin̂, n̂ε tε zī è n̂ε tε bardε, pō nga sulm i maϑ pεr fatkε-
k̄εriε tε tij zuri tε zīnε, ndε vent tε sε bárditε, è kεštú i kē ϑεnε 20
tε mbetet poštε ndε hon. i mεnduar aū nga i maδi pikεlim i tij,
pεr tε maδen tε k̄ek̄e k̄ε e ǵet, vaiti nεnε hie tε n̂ε ľisi eδé ndḗn̂i.
atié ndién zē špesaš è tek ngrē sū́tε pεrpietε, šeh mb até ľis n̂ε
folē me zok škupṓn̂e eδé n̂ε ǵárpεrε k̄ε po nǵitēj pas ľisit sā tε
vējε ndε folét è tε hajε zókεtε. è zókεtε tuke tsetseriturε sikúr i 25
lúte&in atí k̄ε t i špetṓn̂ε nga ǵárpεri. andáj umaľεn̂üe aū, eδ'
ungrē mε-vráp, ndzor̄i kuburēn eδé vrau ǵárpεrin è i špetoi zó-
k̄εtε, pastáj vaiti pεrapε ndε vendit eδé fjeti. kur arδi škupṓn̂a,
e εmm e zók̄εvet, è pā até tek flintε ndεnε hie tε ľisitε, pandehu
se kū́ ište aū k̄ε i vriste asáj ngaherε zók̄εtε, eδ' usúl pεrmbi 30
tε. po zok̄et e sáj me zérεra è me šen̂a i δānε tε kupεtṓn̂ε se aū
εštε špetuas i atúre, è jo vrárεsi. atεherε ajó vaiti ndε dēt è
kuľi pεndat e sája, eδ' i arδi è i r̄intε me krahεt hápurε pεrmbi
krüe atí tek flintε pεr tε haľaditur até. è k̄erozi dzǵóhetε, è kur
šeh befas škupon̂εn krahε-hápurε pεrmbi krüe tε tij, mεndohet t i 35
bier è t a vras até, po k̄εjó me fjala fort t émbεľa è tε buta e
zbuti tuke ϑεn atí se aū i špetoi asáj fεmijεn è pεr kεté detúrε
e kū́ galkuar me n̂ε bar̄ε ak̄ε tε maδe sā ajó pasketáj kuan vehten
e sáj kopile pεrpara atí, eδé i ľutet me ǵiϑε zεmbrε t a urδεrṓn̂ε
ľirúaršim mbε tšεδó nevoľε k̄ε tε k̄et aū, pεrsé kā dešεrim t i 40
kopiľṓn̂ε, pεr tε tšpεrblüer tε mīrεn k̄ i kā bērε. è trimi i
upεrǵék è i ϑā asáj: „pa tš-farε kopiľεrie mundeš tε mε ben̂εš

ti tek je ńɛ špes?' — ,tšedó kɛ tɛ duaš mundem tɛ t a mbaróń' i
upɛrǵék šküpōńa. — ,fort mīrɛ, i Ɵā aü; adá dua, nde tɛ mun-
det, tɛ mɛ hüpńeš siper mbi ðēt, kɛté tɛ mīrɛ dua prej tēje.' eð'
ajó i upɛrǵék è i Ɵā: ,fare koláj mɛ mundet tɛ tɛ špie sipɛr mbi
5 ðē, pō tɛ dúhaɛt tɛ kēš me-vehte ńɛ furɛ bukɛ, dū kēš miš tɛ
piékurɛ eðé ńɛ boze mɛ ujɛ. tɛ ǵiƟa kɛtó ngalkóń ti mbi kuris
tim, hüpɛn eðé vetɛ permbí to, eðé kɛštú hüpɛńem sipɛr.' atɛhere
kerozi umɛndua pɛr detürɛn kɛ i kiš mbɛreti, tɛ tsilit i špetoi
bíjɛnɛ, eðé vaiti ndek aü, è i lüpi ǵiƟ ató kevernia k e porositi
10 šküpōńa. è mbɛreti hapi sütɛ kur deǵoi se aü lüpɛn ńɛ kakɛ tɛ
vóǵɛlɛ tšpɛrblím pɛr até akɛ tɛ maðe tɛ mīrɛ, eð' urðɛroiti è i a
ðānɛ. mori kerozi tɛ ǵiƟa kɛtó tɛ nevolšime, i a ngarkoiti škü-
pōńes, i hüpi eðé vet aü pɛrsipɛr, eðé i a ðā flütürimit mbɛ tɛ
lartat šküpońa. tuke uðetüarɛ kɛté uðɛ tɛ ǵatɛ ǵiƟɛ ndɛpɛr ērɛ, mezí
15 mɛ mundime šumɛ dúaɫɛn mbɛsɛfundi permbí ðēt. è djali ugɛzua
pā anɛ kɛ špetoiti nga hauzi. posa hüpɛnɛ sipɛr, e par e punɛs
e atíj kē, tɛ püesɛ a janɛ ǵaɫ pɛrindɛt e tíj è küš ǵenden, eðé a
mbaiti fjaɫɛn e dašur e tíj. è passi ndzū pɛr atá se janɛ mīrɛ,
umɛndua se i duhaɛt tɛ zerɛ ńɛ punɛ sā tɛ kitńɛ hardžin e tíj è
20 tɛ rōńɛ mɛ ndēr. tɛ pastajmen tek trapitte pošt e lart mɛ kɛté
mɛndim, ǵeti trī pɛnda, è pɛr ńɛ tšudí, i mbaiti. pasandáj doǵi
pákɛzɛ mājen e tsiɫɛsðó, papó nde tšast i ufanepsɛn trī peɫa trī
fütüraš, eð i Ɵānɛ: ,tš urðɛróń, zot, se jemi ǵati tɛ tɛ kopiɫó-
ńɛmɛ.' è aü, ndónɛse ugɛzua pa anɛ pɛr kɛté kɛlɛpír, ama sā
25 tɛ mos tšfakɛt, upɛrǵék pavrápɛƟi è u Ɵā atürɛ: ,étsɛni nde
punɛ tuaj tašti, pa kur tɛ mɛ duhíj, ju Ɵɛrés pɛrapɛ.' tuke
rahur aü tɛ ǵeńɛ ndóńé punɛ, vaiti tɛ ńɛ arǵɛndār eð i lutet t a
marɛ pɛr kopil pā roǵɛ, po vetem sā pɛr bukɛn eðé ndóńé robe
tɛ viétɛrɛ. eð' arǵɛndāri tek e pā até ńɛ djaɫɛ tɛ véšetɛ eðɛ jarán,
30 e mori eðé e vuri mbɛ punɛ. ńɛ dite nāmɛta vień nga peɫasi ńɛ
Ɵɛrítɛs, eð' i Ɵot arǵɛndārit: eja se tɛ dō mbreti. è aü, pū
ditur mɛhanɛn e Ɵɛrítɛjesɛ, vaiti fort i trémburɛ. mbɛreti poro-
siti até, kɛ t i godišńɛ ńɛ furkɛ e tsiɫa lirtej vetiu fīl āri, tuke
Ɵɛń' ati ,mɛkɛnɛ martóń tim bīr tɛ párinɛ, è nuseja dō pāhír
35 lodrɛn e tšupɛrísɛ sūj — furkɛn kɛ Ɵāmɛ — se pa até s martó-
hete, pɛrandáj tɛ Ɵɛrés tū tɛ parin e miɛštɛrisɛ satɛ tɛ mɛ nder-
tojɛš mbi trī dit è sipɛr ńɛ tɛ kɛtiɫɛ lodrɛ, kɛ janɛ pɛr tɛ bērɛ
dásɛmat, se pastaj tɛ pritet krüet.' è arǵɛndāri, ndónɛse rahu
mɛ šumɛ bištɛra è mɛhana, tɛ hikéj nga kɛjó punɛ ak e rɛnda,
40 pō passi t i škoi fjaɫa, unkɛƟüe i frikɛsuar è i dišpɛrūerɛ pɛr
rɛzikun e krüesɛ tíj, kɛ po i tirɛ́j kur e tiɫa furkɛ s bɛhéj dot.
papo kerozi mbi pun è sipɛr, kur pā tɛ zotin nde t atiɫɛ pamɛhanie

eδé šastiε, e püet atέ: tšε kā kε r̄i i turbuluar? pō kū i upεrǵék
me tε tšfrürε: ‚heštε; s tε kā hie tε mε püetš pεr tε ketila
púnεra.' pō passi e püeti pεrsε dūti è pεrsε treti kerozi, i r̄εfeu
aū pεr tε némurεn furkε. atεhere kerozi e zbuti atέ è trimεroi
tuke ϑεnε me fjala tε vεrteta se mundet aū vete t i godisńe mbε 5
ńe natε atέ furkε k i kεrkōńεn pa ndōńé ndrüšim, eδé se nukε
duantε farεǵé pεrcetse pes okεš ār̄a, eδé kakε vērε tε mirε. è
fatkeki arǵεndār, sadó kε s mbesōnte, mori tsapák frümε eδé
sakakε vaiti è bleu ató, eδé i a soli kerozit. kū prā mbúlturε
brenda ndε δomεt, zuri tε ϑüeń ār̄a è tε pije vērε. è i zoti me 10
laftariε è luftε tε zεmbrεs po vεnte nga dálεzε nde der e
δómεsε eδé vεštrōnte ndεpεr tε plásurat e sāj: valε tšε bēn
kopili! pō kū, dinák i kek, kε t e frikεsōń eδé mē fort, i ϑεr̄i-
ste: ik andejza, se mos mε pεrsūset puna. tε pastajmen aū i
lεšój tε zotit fúrkεnε tε ndεrtúarε fare aštú šitš e dεšεrōnte 15
mbreti. (kεjó furkε iš ajó tε tšilεn kerozi kište mar̄ε pεr vlεsε
prej tšúpεsε nεnε δēt, šitš ϑāmε pεrsipεrε.) papo kur e pā
arǵεndāri akε mirε godíturε, upatáks eδ' ugεzua pa anε, eδé
vrapo i a špuri mbretit. ǵiϑaštú eδé mbεreti, passi e vεštroi
mirε mirε, è e ǵeti tε sósurε me funt, me tε maδe kεnaki 20
urδεroiti è i δānε pesε ker̄e tε ngarkúara me floriń pεr tε tšpεr-
blüerε fúrkεnε. eδ' arǵεndāri posa i mori, i soli ǵūmεsat kopí-
letε, pō kū s i a ṅkasi tuke ϑεnε ‚mua mejáft m εštε dašuria e
tim zoti.' ató dit ubē eδé dasεma tek ište ftuar eδé arǵεndāri
i tsili deši tε mirtε me vehte eδé kerozin, pō kū as mbε dásεmε 25
s vaiti. jaštε kütétitε mbi ńe brek tε lartε kišnin ngrehur ńe
flambur fort tε lartε. è pεrmbi tε kišnin vεne ńe molε t ārtε
eδé floriń. pεrandaj kište pεrhapur fjalε mbεreti kε aū kε tε
muntńε tε kartseńε sā tε mar̄ε molεn e ārtε, do tε darovitεl prej
mbεretit darova mbεretεrie. r̄oδεn atié trima nga ǵiϑ anat e 30
δēut, po ašńé s mundi tε kartseńε kakε lart. è kerozi, posa e
deǵoi kεtε, doǵi pak anεn e ńεrεsε pεnde, nga ató kε kiš nde ǵit,
eδé sakák i erδi ńe nga tε tri pélatε me-ǵiϑe ńe palε r̄obaš t
ārta pεr atέ (kεtó pela étsεnin mbε ērε posikúr kišninε fleta).
i hūpi aδa pélεsε mbešur ndε r̄obat e ārta eδé vaiti nde vendi i 35
flámburit atié tek išnin mbεléδurε ǵiϑ ajó ǵεmε ǵendεješ, papo
posa i ϑēr̄i asāj, me ńe kartsim tε tšudítšime ndε tšast r̄εmbeu
molεn eδé humbi, as upā mē. è ǵiϑε bota, sā išnin atié.
upataksεn tuke parε kεtó trimεriε. keštú prā mori funt eδé
beleku i dásεmεs. 40

Parabel vom verlornen Sohne.
(Ev. Luc. XV. 11.—32.)

Toskisch nach Kristoforidhis.

11. pɛrsɛri ϑa:

12. ńɛ ńeri kište dü bij, eδé mē i-vógɛli nga atá i ϑa t et: ‚atɛ, ep-mɛ piesɛn e ģēsɛ ke me bie pɛr tɛ marɛ.' eδé aû u ndáu atüre ģēnɛ.

13. eδé pas pak dits mē i-vógɛli bir mbɛloδi ģiϑɛ se tš pat, eδé iku ndɛ δē tɛ-huaj mbɛ ńɛ vɛnt tɛ-largɛ, eδé atié špɛrndáu ģēn e ti tuke škúarɛ jetɛ si plank-prišɛs.

14. eδé aû si priši tɛ- ģiϑa, ubḗ ńɛ zi e-maδe mb até vɛnt, eδé aû zuri tɛ mos kište mē.

15. atɛhere vate è unģit pas ńɛ kütɛtāri t ati vɛndi, eδé aû e dɛrgói nd arɛ tɛ ti tɛ kulotte dérate.

16. eδé dɛšeronte tɛ mbušte barkun e ti me harupe kɛ hánine dératɛ; po asndońɛ nuk i epte.

17. eδé aû si erδi ndɛ vétɛhe tɛ ti, ϑa: ‚sā punɛtóreve tɛ t im-et u teprónɛnɛ bukɛ, è une po humbás nga uria.

18. do tɛ ngrihem è do tɛ vete tek im-atɛ, eδé do t i ϑem: o atɛ, fɛjeva ndɛ kiél eδé pɛrpara teje.

Gegisch nach Kristoforidhis.

11. pɛrsɛri ϑa:

12. ńi ńeri kište dü bij, eδé mā̦ i-vógɛli prei asiš i ϑa tɛ i ātit: ‚ātɛ, mɛ ncp piesɛn e ģā̦sɛ ki me bije me marɛ.' eδé aî u dáu ģā̦nɛ atilne.

13. eδé mbas pak ditš mā̦ i-vógɛli bir mbɛloϑ ģiϑɛ kiš pat, eδé iku ndɛ δē tɛ-huej mbɛ ńi vent tɛ largɛ, eδé atié špɛrdáu ģā̦n e vet tue škuem jetɛ si plank-prišɛs.

14. eδé aî si priši tɛ-ģiϑa, ubḁ́ ńi zi e maδe mb atę̣ vɛnt, eδé aî filõi me pásunɛ tɛ mángutɛ.

15. atɛhere voiti è unģit mbas ńi kütɛtari t ati vɛndi, eδé aî e dɛrgói nd arat e veta me kulótunɛ ϑitɛ.

16. eδé dɛšeronte me mbúšunɛ barkun e vet me harupat ki hájšinɛ ϑitɛ; por kurkuši s i nepte.

17. eδé aî si erδi mbɛ vetɛ-vétɛhenɛ, ϑa: ‚sā punɛtóreve tɛ t im-et u teperoinɛ búketɛ, è une po vdirem prei uniet.

18. do tɛ ngrihem è do tɛ vete tek em-ātɛ, eδé do t i ϑom: o ātɛ, fɛjeva ndɛ kiel eδé pɛrpara tejet.

19. eðé nukɛ jam mē i-vɛjüerɛ tɛ kuhem bīri üt; mɛ ben posi ńɛ nga punɛtorɛt e tū.'

20. eðé ungrit è erði tek i āti. eðé aü kur ište eðé lark, i āti e pā, eðé i erði keḱ. eðé usuĺ e rā mbi ḱafɛt t ati, eðé e puϑi.

21. eðé i bīri i ϑa: ‚o atɛ, fɛjeva ndɛ ḱiéł eðé pɛrpara teje eðé nukɛ jam mē i-vɛjüerɛ tɛ ḱuhem bīri üt.'

22. po i āti u ϑa šɛrbɛtórɛvɛt ti: ‚ndzirni jaštɛ stolı́n e parɛ eðé ja višni, eðé i viri unazɛ ndɛ dorɛt eðé ḱɛputsɛ ndɛ ḱɛmbɛt;

23. eðé bini vitšin e uškǘerɛ eðé ϑéreni, eðé le tɛ ham è tɛ gɛzonɛmi;

24. sepsé kili im-bīr ḱe i-vdékurɛ, è ungāl pɛrserí; eðé ḱe i-húmburɛ, è uǵɛnt.' eðé zunɛ tɛ gɛzónešinɛ.

25. eðé i-bīri ati mē i-maði ište nd arɛ. eðé kur erði è uafrua ndɛ štɛpı́, ndiǵōi ḱɛnk e vale.

26. eðé ϑiri ńɛ nga šɛrbɛtórɛtɛ eðé e püeste tš janɛ kɛtó punɛ.

27. eðé aü i ϑa se: ‚kā arður üt-vɛlā́, eðé üt-atɛ ϑɛri vitšin e uškǘerɛ, sepsé e priti tɛ-šɛndošɛ.'

28. eðé aü uzɛmɛrua eðé nukɛ donte tɛ hünte brɛnda. i āti prū doli è i lutej.

19. eðé nukɛ jam mā̊ i vɛjefšim me uḱúeitunɛ bīri üt; bąn-mɛ porsi ńi prei punɛtórɛvɛt tū.'

20. eðé ungrit e erði tek i āti vet. eðé ai kur ište eðé lark, i āti ati e pā, eðé i uðimpti, eðé utueī̃ e rā mbɛ šįt t ati eðé e puϑi.

21. eðé i bīri i ϑa: ‚o ātɛ, fɛjeva ndɛ ḱiel eðé pɛrpara tejet, eðé nukɛ jam mā̊ i-vɛjefšim me uḱúeitunɛ bīri üt.'

22. por i āti u ϑa šɛrbɛtórɛvɛt vet: ‚ndzirni jaštɛ stolı́n e parɛ eðé ja vešni, eðé i vęni unázɛnɛ n dorɛ eðé ḱɛpútsɛtɛ ndɛ ḱambɛt;

23. eðé bini vitšin e uškǘešim eðé ϑernia, eðé le tɛ hām è le tɛ gɛzohemi;

24. sepsé kili em-bīr ḱe i-vdekun, è ungāl pɛrserí, eðé ḱe i-hupun, è uǵint.' eðé fı́luenɛ me ugɛzuem.

25. eðé i bīr i ati mā̊ i-maði ište nd arɛ, eðé kur erði è uafrue ndɛ štɛpít, ndɛǵōi kangɛ e vale.

26. eðé ϑiri ńi prei šɛrbɛtórɛvɛt eðé e püeste ḱiš jā̊nɛ ḱɛtó punɛ.

27. eðé ai i ϑa se ‚kā arðun üt-vɛlā́, eðé üt-ātɛ ϑeri vitšin e uškǘešim, sepsé e priti tɛ-šɛndošɛ.

28. eðé ai uzɛmɛrue eðé s donte me hỹmɛ mbrenda. i āti prū duel è i lutei.

29. eðé aü upεrǵék è i ϑa t et: „na te po tε šεrbéń kakε viét, eðé asńε̄ hεrε nukε doɫa nga úrðεri üt: eðé kuᵲε nukε mε ðē ńε kelš Kε tε gεzonεm baškε me mikt e mī.

30. po kur erði küi üt-bīr kε hεngri ǵēnε baškε me kúrvatε i ϑεre vitšin ε̄ ušküεrε.‘

31. eðé aü i ϑa: „o diaɫε, ti jē pεrhεrε baškε me mua, eðé ǵiϑε tε-miatε janε tε-túatε.

32. eðé dúhei tε gεzónεšim e tε ngazulónεšim, sεpsé küi üt-vεɫā̊ ke i-vdékurε, è unǵāl pεrsεri, eðé ke i-húmburε, è uǵént.‘

29. eðé aî upεrǵék è i ϑa tε i ātit: „Ke tε po tε šεrbéj kaki viét, eðé as ndońi hεrε s ta kapεrtsεva urðεnímínε: eðé kuᵲε ndońi hεrε s mε ðē ńi eϑ ki tε gεzohεm baškε me mikt e mī.

30. por kur erði küi üt-bīr ki hangεr ǵāηnε tande baškε me kurvat, i ϑεrε vitšin e ušküε-šim.‘

31. eðé aî i ϑa: „o diāl, ti jē pεrhεrε baškε me mue, eðé ǵiϑε tε-miatε jāηnε tε-túatε.

32. eðé duhei me ugazεmuem e me ugεzuem: sεpsé küi üt-vεɫā̊ ke i-vdekun, e unǵāl pεrsεri, eðé ke i-hupun, è uǵint.‘

*Im Dialekt von **Spezzano Albanese** in Calabrien.*

11. prana zoti Krišt ϑa:

12. ńε buᵲ kiš di biĺ. è mε i-riu nder atá i ϑa tε-jatit: „oi ta, εm piεsεn e pétkravet tšε mε ngεt.‘ è i jati i nduiti pétkεrat.

13. è pak dit pas i biri mε i-riu mbióϑ ǵiϑsē, è vate nde ńε katúnt ĺargu, è atié strubirti tšεddó kiš, tue ǵelitur pa metr.

14. pra, dopu tšε spεndoi ǵiϑsē, nd at katúnt tsupparti ńε karasti e ĺig, ak sa aî pra zū̃ è pat bεzoń.

15. andai vate è uvū̃ me ńε zot t atî katundit, tšε e dεrgoi nder ðerat e tī sat kulotnej dirkit.

16. è aî ĺutnej tε mbionej barkun me ĺuvit tšε hajεn dirkit, ma nεng i jīp mosńεri.

17. órani, kur i erϑin trūt, ϑa: „εts è piεj sa è sa furizra tε tatεs time hāη buk sa i supεrkión, è u vdεs uri.

18. nεnga ngrεhεm, dua t vεte tek tata im, è kam t i ϑēm: ja, u ftεssa kuntr Kεlεs è pεrpara tī;

19. è nεng jam mē dińu tε jēm i ϑεᵲitur it bīr; bεnεm si ńε ku furizrat tεnt.‘

20. órani nenga ungré, vate tek i-jati; è kur eðé iš largu, i-jati e pā, è i pat lipisi; è rióϑ, è i uštŭ nde tserkut, è e puϑi.

21. è i biri i ϑa: ‚ja, u ftessa kuntr keles è perpara tī, è neng jam mē diňu te jēm i-ϑerïtur it bīr.‘

22. ma i jati i ϑa šerbetórevet tī: ‚silni ktu te vésurat me te-mira, è višnie, è véneji ň onáz nde gišt, è keputs nder kembet.

23. è ndzirni jašt vitšin te máitur, è vrinie, è hami è harépsemi;

24. sepsé ki im bīr kiš vdekur, è ungál; è kiš biēr, è u-gént.‘ è uvůn è ben ňe te kremte te maðe.

25. órani i biri me i maϑ se aï ndodej aštu pošt; è ture u-mbieður, kur iš afer špīs, gek kangelet e valen.

26. andáj ϑeriti ňe ka šerbetóret, è e pieiti tše dúajen me ϑen atá šurbise.

27. è aï i ϑa: ‚erϑ it-vulá, è it-at vrau vitšin te máitur, perdíkase e mbióϑ papá te tēr è te šendóš.‘

28. ma jetri e ndieiti, è neng duaj te hinej nde špīt; andáina i jati dual è vate è e parkalesi sat hinej.

29. mu aï i upergek te jatit: ‚pa ruaj, u ka ak viét tše jam è te šerbéň, è nenk te kapertseva mai andóň urðeri; è ndořina ti neng me ðē mai andóň katsik sat beja haře me mikt tim;

30. nenga pra erϑ ki it bīr, tše grisi petkun tent me puterat, ti i vrave vitšin te máitur.‘

31. è aï i ϑa: ‚bīr im, ti jē sempri me mua, è giϑsēt e mia jān tendet.

32. nani duhej te bejem haře è te gezohšim, sepsé ki it vulá kiš vdekur, è ungál, è kiš biēr, è u gént.

Ev. Matth. VIII. 5.—13.

| Gegisch nach Kristoforidhis. | Dialekt von Scutari. |

5. eðé Jesui kur hüni nde Kapernaúm, i erði perane ňi urðen-kindes, tue i ulútune, eðé ϑošte:

5. è massi kē h[n Kafárnaum, uafrue ati ňi tsenturion tui ju lutun

6. ,zot̄. s̆ɛrbɛtori em dërijetɛ ndɛ s̆tɛpït ułök. è mundóhetɛ rɛs̆tirs̆im.·

7. ɛðé Jesui i Ϟotɛ: ,unɛ kam me arðunɛ è kam me e s̆endós̆unɛ.'

8. ɛðé urðɛn-kindɛsi upɛrǵek è Ϟa: ,zot, nukɛ jam izoti ki tɛ me hḯjš ndɛnɛ strehet: por Ϟuei vétɛmɛ ńi fiałɛ ɛðé s̆ɛrbɛtori em kā me us̆endós̆unɛ.

9. sepsé ɛðé unɛ jam ńi ńeri ndɛn ürðɛnɛ, ɛðé kam me vétɛhenɛ t cme us̆tɛtorɛ, ɛðé i Ϟom kɛtí: ,s̆ko', ɛðé s̆kon; ɛðé tiétɛrit: ,eja' ɛðé vién; ɛðé s̆ɛrbɛtorit t em ,bąn kɛtę', ɛðé e bąn.'

10. ɛðé Jesui kur ndëgói. umɛrekułue ɛðé u Ϟa atünevɛ ki e mérs̆inɛ mbrapa: ,me tɛ vɛrtét po u Ϟom juve, se as ndɛ Israél s kam ǵétunɛ kaki besɛ.

11. ɛðé po u Ϟom juve, se s̆umɛ vetɛ kąnɛ me árðunɛ prei sɛ łemɛs è prei sɛ pɛrɛndúemɛs̆ diełit ɛðé kąnɛ me ndéńunɛ ndɛ mesałɛ bas̆kɛ me Abrahamin è me Jsaakun è me Jakóbinɛ ndɛ mbɛretɛnit tɛ kiłvet.

12. por tɛ bijt e mbɛretɛnisɛ kąnɛ me uhéðunɛ nd ērɛsinɛt tɛ pɛrjas̆teme, atié ku kā me kęnɛ tɛ kamit e tɛ driðunit e ðámbɛvet.'

13. ɛðé Jesui i Ϟa urðɛnkindɛsit: ,s̆ko, ɛðé t ubą̄ftɛ sikursɛ besove.' ɛðé s̆ɛrbɛtör i ati us̆endós̆ tsɛ mb atę̈ herɛ.

6. è tui Ϟan: ,zot, üzmets̆ari jem n s̆tpí teme r̄i parałitik è ąs̆t fort kɛts̆ munnuem.'

7. è Jezu Ϟa atí: ,une kam me arϞ è kam me s̆nos̆ até.'

8. è tui perdžéts̆ tsenturioni, Ϟa: ,zot, nuk jam i dęn tsi ti t hïsɛ nnen tiégula t mia: por Ϟui vets̆ ńi fiał è üzmets̆ari jem kā me us̆nós̆.

9. pse ɛðé une jam ńi nieri nnen pus̆tét t tieter kui, è kam nnen vethen nizámt, è Ϟom ńenit: ,s̆ko' è aî ve, è tietrit ,eja' è vién, è s̆erbetorit tem ,bąn kte' è aî e bąn.'

10. è tui nnie Jezu umrekułue è Ϟa atüne tsi s̆kóis̆in mrapa: ,per t vertét po ju Ϟam, nuk kam džet kats̆ fē t maðe n Jzraél.

11. è une po ju Ϟam, tsi s̆um kan me arðun prei s dáłunit è prei s prenimit, è kan me nnei me Abramin è Jsakun è Jakobin n reńi t ts̆ełvet:

12. è bīt e reńis kan me ken ts̆itun n teŕe t prias̆teme, atü kā me ken vai è t kersitun t ðąmvet.'

13. è Ϟa Jezu tsenturionit: ,s̆ko, è sikursé besove, t ubąft tü.' e us̆nós̆ üzmets̆ari n at sahát.

Toskisch (Corfu 1824).

5. è si ŕiu Jisui ndɛ Kapernaúm, erdi ndɛ aí ńɛ ekatondarχ è i lutej.

6. è i ϑoš: „zot, im bir dérǵetɛ mbɛ štɛpí i-mbáiturɛ è mundónetɛ ǵemúarɛ.'

7. edé Jisui i ϑot atí: „unɛ do tɛ vij è do t a šerój até.'

8. edé ekatondarχoi uperǵek è i ϑa: „zot, u nukɛ jam i-zoti kɛ tɛ hitš ndɛnɛ štɛpí time, po ϑuaj fialɛ vétɛmɛ, è im-bir do tɛ šerónetɛ.

9. sepsé edé unɛ ńerí jam ndɛnɛ zotɛrí, è kam ndɛnɛ vétɛhɛ t ime trima, è i ϑom kɛtí: „háide' è vete, è tiétɛrit „eja' è vién, edé kopilit s im: „bɛn kɛté' è e bɛn.'

10. edé Jisui si diǵoi kɛté utšudít è ϑotɛ mb atá kɛ vīnɛ pas: „me tɛ vɛrteta u ϑom juvet kɛ as ndɛ Jsraíl nukɛ ǵetšɛ kakɛ besɛ.

11. pra andáj u ϑom juvet, se do tɛ víjɛnɛ šumɛ ngā del edé ngā perɛndón dieli è do tɛ ŕinɛ baškɛ me Abraamnɛ edé me Jsaaknɛ edé me Jakovnɛ, ndɛ mbreterí tɛ k̕ielvet.

12. è tɛ bíjt e mbreterisɛ do tɛ víhenɛ ndɛ skotáϑ t éŕɛtɛ, atié ɛštɛ tɛ k̕arɛtɛ edé tɛ drédurit e ðɛmbɛvet.'

13. è i ϑa Jisui ekatondarχut: „háide, è lɛ tɛ bénɛtɛ tek teje sikundrɛ besove.' e até tšast ušerua bir i-tí.

Griechischer Dialekt von Poros.

5. até koχɛ erϑ Jisui ndɛ Kapernaum è i vién pɛrpara ńɛ fikal, tuke falturɛ atit.

6. i ϑoi: „zot, diali i-im ka rarɛ ndɛ štɛpí si i mékurɛ è rihetɛ è piketɛ réndɛ.'

7. è i ϑotɛ Jisui: „u do viń t e šeroń até.'

8. è upreǵek fikali è i ϑa: „zot, nékɛ jam u kadér prɛ tɛ viš ti prɛpóš ndɛ tɛ puštrúm štɛpisɛ s ime, po vétɛmɛ ϑuaj kšil ti è šeronetɛ diali i-im.

9. pse edé u ńerí jam tšɛ kam urðerí è kam afrɛ trima. è ϑom kɛtit: „lašonu' è vete, è tiaţrit: „ea' è vién, è šerbetorit t im: „bēn kɛté' è e bēn.'

10. è si ǵek Jisui kɛtó, šastisi è ϑa atire tš e ndíknɛ: „vertét ϑom juvet, mos nd Israíl kakɛ besɛ tšova.

11. ϑom akoma de juve, pse šume nga natolia edé nga ðisi do víńɛnɛ è do ŕinɛ baškɛ me Abraamnɛ edé Jsaaknɛ edé Jakobnɛ ndɛ mbreterí tɛ k̕ielzvet.

12. è dieltɛ e mbreterisɛ do štirenɛ ndɛ eŕesirɛ tɛ ϑelɛ, atié íštɛ tɛ klárɛtɛ edé tɛ krisurit e ðɛmbɛvet.'

13. è ϑa Jisui fikalit: „etsɛ, è, si besove, lɛ tɛ tɛ bēnɛtɛ.' è ušerua i biri d ajó orɛ.

*Dialekt von Frascineto
(Calabria citeriore).*

5. è si χineje Džesui Kapernaúm, jukas atije ńε tšenturiún, tue parkaĺesur,

6. è tue θεn: ‚zot, diaĺi im ŕi štεn prapt te špia paralitεkε, keḱε i doŕokopsur.‘

7. è i θot Džesui: ‚arδur u, e šεrońε.‘

8. è pergǵeǵur tšenturiuni θa: ‚zot, u nεng meritońε te mε χiš ndε špit time: po θuaj ńε fiaĺε vet, è šεronet diaĺi im.

9. pse eδé u ŕi mbε tε tiḗr è kam perpóš meje suĺdét, è i θom klije: ‚ets‘ è vete, è jetrit ‚eja‘ è viέn, è šεrbεtúarit tim ‚bεn ktε‘ è e bεn.‘

10. ǵeǵur prana Džesui kto šurbise ḱindroi è θa atire tšε vejεn pas atije: ‚pεr vεrtét ju θom, nεng ǵeta te Jsraeli kaḱε bes.

11. eδé ju θom, se šum kān tε viúen ka deĺ dieĺi è ka perεndón, è kān tε ŕin me Abramin è Jsakun è Džakobin tε ŕeǵεria e ḱielvet;

12. po tε biĺεtε e ŕeǵεŕis kan jεn štεn nd éŕεtit tε jašεm; atié kā tε jēt tε kār è ngεrsima δεmbeš.‘

13. è θa Džesui tšenturiunit: ‚ets, è si pate bes, tε koftε.‘ è ušεrua diaĺi tije mb at χēr.

*Dialekt von Piana dei Greci
(Sicilien).*

5. è tε χiturit ai ndε Kapernaúm, i uḱasε ńε tšenturiunε tšε e parkaĺesjε,

6. è θośε: ‚zot, diaĺi jimε ŕi praptε te špia i ńomurε, ndutu i kopiasmε.‘

7. è i θote Džesui: ‚tε jarδurit u, ka tε t e šεrońε.‘

8. e si upergǵek tšenturiuni, θa atije: ‚zot, ngε jam petkε tε mε χiš te špia ime; po θuaχ́ ńε fiaĺε vétεmε, è ka tε šεrónetε diaĺi jimε.

9. se eδé u jam ńε ńeri vunε nenε úi zotεrie, è kam perpóš meje uštorε, è i θom klije: ‚jetsε‘ è vete, è tε játεritε ‚eja‘ è viέn, è šεrbεtórit time: ‚bεnε keté šεrbés‘ è e bεn.‘

10. è si e ǵeǵi Džesui u-θavmás, è atireve tšε veijεn pas atij i θa: ‚me tε ftetε ju θom, ngε kam ǵéturε te Jsraeli kaḱε besε.

11. eδé ju θom, se disā kā deĺ è kū pεrεndón dieyi ka tε viúεnε è ka tε ŕinε me Abramin è me Jsakun è Džakobin te mbretεria e ḱieyavet;

12. è tε bijεt e mbretεrisε ka tε štiχεnε te tε mεtéŕεtit mantajašta: atié ka tε jetε tε kĺārε è tε grijεturε δεmbeš.‘

13. è θa Džesui tšenturiunit: ‚jetsε, è si pate besε, tε kĺoftε būrε.‘ è i ušεrua diaĺi tšε mb até χerε.

Hochzeitslieder aus Korytsa.

1.

Pse r̄ini è pse s kɛndōni,
ō jū pleǩ, ō jū tɛ riń?
jū e dini kɛ martōni,
ō jū pleǩ, ō jū tɛ riń?
martójɛmɛ ðɛndɛr - trimnɛ
(folgt der Name)
ō jū pleǩ, ō jū tɛ riń!
i apim nuse, dudinɛ,
ō jū pleǩ, ō jū tɛ rīń,
tɛ bijɛn e Petro- beut,
ō jū pleǩ, ō jū tɛ riń,
tɛ búkurɛzɛn e ðeut,
ō jū pleǩ, ō jū tɛ riń.

2.

haj! na r̄uaš, haj! na kuaš,
    ðɛndɛr trimi,
me nusen utrašɛguaš,
    ðɛndɛr trimi,
ǩɛ na bɛre kɛté gas,
    ðɛndɛr trimi,
gɛzōvɛ babanɛ tɛnde,
    ðɛndɛr trimi,
gɛzōvɛ mémɛnɛ tɛnde,
    ðɛndɛr trimi.
gazi jūn è dasma jonɛ
posa vién po ndrašɛtɛ.

3.

kur r̄úhɛtɛ ðéndɛri.
berberi ǩɛ r̄uan mbrɛnɛ,
na r̄uan eðé ðɛndɛr- bēnɛ.

4.

kur nisɛtɛ ðéndɛri.
pa me r̄i ndɛ fron t ɛrǵɛndɛ,
tɛ m tɛ nisńɛ babai ðɛndrɛ. —

s munt tɛ r̄i, babai imɛ,
se mɛ šájɛnɛ núsenɛ. —
tū t a šájɛnɛ pɛr zilí,
ɛšt e bukur sī dudí.

5.

kur e špien ndɛ lańɛtár.
zūnɛ ūjet è pɛrɛndójɛnɛ,
hajde ðɛndɛr, ndɛ hamám;
zūnɛ špesat è špesójɛnɛ,
hajde ðɛndɛr, ndɛ hamám;
uðɛtárɛt zūn è škójɛnɛ,
hajde ðɛndɛr, ndɛ hamám.

6.

kur dɛrgón r̄óbatɛ ndɛ núseja.
tš tɛ dɛrgói béu mbrɛmɛ,
tū, mój mol e émbɛlɛ?
ńe fustán tɛ mirɛ
ndɛ sepetɛ štirɛ.
un me sū e pāšɛ,
me dorɛ s e zura,
pō ndɛ trup e vura,
kur beu s erði vetɛ
pɛr keǩ mos e kētɛ.

7.

núseja sapá dālɛ nga i ati.
ojï ojï! taší eðé pákɛzɛ,
ojï ojï! do tɛ ngarkóń è tɛ škōń.
ojï ojï! babánɛ kur t a kuitóń!
ojï ojï! nénɛnɛ t a dɛšɛróń!
ojï ojï! babā́ ǵeń eðé atié,
ojï ojï! babā́ zɛmbrɛ - ftóhɛtɛ.
ojï ojï! nene ǵeń eðé atié,
ojï ojï! nɛnɛ zɛmbrɛ-ftóhɛtɛ.

8.
núsesɛ.

paśk a bairám? tś ɛstɛ sot
kɛ m unise kaḱɛ fort?
unɛ paśk è bairám kam,
se pɛr timzót nisur jam.

9.
ku mɛ nis, ku mɛ dɛrgón,
 o babai imɛ? —
vién ńe trim è tɛ kɛrkón,
 moj bija ime. —
kam frikɛ se mɛ mundón,
 o babai imɛ. —
guśɛn me floríń t a mbłóń,
 moj bija ime.

10.
mɛ r̄ite, babā́, mɛ r̄ite,
mɛ r̄ite me tuł simite;
si mɛ r̄itɛ, mɛ vɛrvete
me (folgt der Name) mɛ ńǵite.

s kē frikɛ pe pɛrɛndīe,
nénɛja ime,
kɛ mɛ ndziḗr kɛsā́j śtɛpīe,
nénɛja ime?

11.
kur dēł núseja.
hapej jū, moj sōra,
se vién ǵerakina.
me śɛkér nɛ gojɛ
tɛ na ɛmbłɛsóńɛ.
uńu, kiparis me kóḱe,
prímmɛni atū, moj śoḱe,
dźetś t ju Ꮎem, è dźetś t ju
 kahem,
se nga babai do t ndāhem
è tek im zót do tɛ falem.

12.
núseja po vete.
flúturón ńe ǵerakinɛ

me ziłe ndɛpɛr kɛmbɛ,
śukoni e ku do tɛ hū́ńɛ
me ziłe ndɛpɛr kɛmbɛ, —
ndɛ derɛ tɛ ðɛndɛr- trimit,
me ziłe ndɛpɛr kɛmbɛ.

doli babái t a zḗrɛ,
bɛj t a zēr è s e zē dot.
doli i vɛłāi t a zḗrɛ,
bɛj t a zēr è s e zē dot.
pa kur doli ðɛndɛr- trimi,
e r̄ɛmbeu e fłuturōi,
brɛnda ndɛ hod e łɛśōi.

13.
kā hie baśta me łułe,
kā hie ðɛndɛr me nuse ...
tś tɛ derðen łotet, moj bijɛ,
par è par pas fakɛśit,
súmbuła pas ǵińɛśit? —
łe tɛ vēnɛ sī tɛ vēnɛ,
se kam māł pɛr bábɛnɛ.
 pɛr mémɛnɛ [und so weiter
 durch alle Verwandten].

14.
tś vɛngɛrón mbɛ ń anɛ,
 nuse-łułe?
mos dō trimnɛ pranɛ,
 nuse- łułe?
t i flatś ndońé fjałɛ,
fśéhura sat- vjéhɛr̄e,
fśéhura kunatɛs ...

15.
nuse, mos tɛ pihet ujɛ? —
mɛ pihet, pō ku t a ǵeń? —
tret śɛkér è bɛj śɛrbét,
pa t a piś me tɛt- kunát. —
me tim- kunát s mɛ śijṓn,
mɛ śijṓn me trimnɛ tim.

16.

rā dieli ndɛ māl tɛ lartɛ,
škōn kadɛna fakɛ- kartɛ,
škōn è vete ndɛ Starove
tɛ blērɛ ńɛ pare molɛ,
t i a špierɛ dimɛrīsɛ
tɛ falɛt e nusɛrīsɛ.
dimɛr, mos jakɛ taštinɛ,
sā tɛ škojmɛ nusɛrīnɛ.
se kēmi nuse tɛ rēa
kɛ digenɛ sī rufeja.
pa kēmi ðɛndɛr tɛ riń
kɛ trétenɛ sī kiriń.

17.

trɛndafil è bosilók,
gir i dolomāsɛ plot.
mɛ márkej gumi tim-zot,
Ɵem t e dzgóń è s e dzgóń dot.
Ɵem t i dreɵ mustáketɛ
t i puɵ tɛ dū fáketɛ.

18.

mɛ more, ō trim, mɛ more,
ngaj gir i babait mɛ ndzoŕe,
nénenɛ m a dɛśerōve,
tɛ lumtɛ! setš t arɵka n dore.

19.

mbi lagin digej kiriri,
škōva è m undés pɛkiri.
ō kirí, moré kirí!
kɛté kɛ mɛ bēre ti,
s m a kā bērɛ asńeri,
vetš ńɛ dialɛ miturí.

20.

vɛlámit.
ndzir kuletɛn e mɛndafštɛ,
ō velamɛ,
tɛ na darovitš gɛkafšɛ,
ō velamɛ. —

21.

mbɛ kurōrɛ.
hájdeni vēmi pɛr molɛ
se do tɛ vemɛ kurōrɛ.
pa dɛgó setš Ɵot ungili:
núseja jonɛ,
baba flet è ti mos folɛ,
núseja jonɛ.
se ti flet, stapi kɛrtsét,
núseja jonɛ.
dɛgó, nuse, tš Ɵot ungili:
núseja jonɛ,
néneja flet, ti mos folɛ,
núseja jonɛ.
se ti flet, stapi kɛrtsét,
núseja jonɛ.
dɛgó, nuse, tš Ɵot ungili:
núseja jonɛ:
buri flet, è ti mos folɛ,
núseja jonɛ.
se ti flet, stapi kɛrtsét,
núseja jonɛ. [und so weiter durch alle Verwandten des Bräutigams].

GLOSSAR.

Vorbemerkungen.

Die zur Bezeichnung der albanesischen Laute verwendeten 45 Zeichen folgen hier in folgender Ordnung auf einander:

a ą b d dz dž δ ϑ e ę ε ε̜ f g ǵ h χ χ́ i i̭ k k̃ l ł ĺ m n ń o ǫ p r r̄ s š t ts tš u ṷ ü ṻ v z ž.

Abkürzungen: tosk. toskisches, geg. gegisches, gr. griechisches, cal. calabrisches, sic. sicilisches Albanesisch.

'Vgl.' oder = bedeutet Urverwandtschaft; 'Aus' Entlehnung.

———

a.

a 1) 'oder'. *a-a* 'entweder - oder'. Aus lat. *aut*.
2) 'ob', Fragepartikel. Aus lat. *an*.
aðá 'also', 'nun'.
áfɛrɛ 'nahe'.
afɛrói̯ 'nähere', 'bringe nahe'.
akoma 'noch'. Aus ngr. *ἀκόμα*.
akɛ 'so sehr', 'so gross'. Gr. § 78.
amá 'aber'; aus *a* 'oder' und *ma* 'aber' s. d.
andaina cal. 'darauf'.
andéj 'dorthin'.
andejza 'von hier'.
anɛ fem. 'Seite', 'Ende'. *nga an* 'von Seiten'.
ani 'nun'. Aus ngr. *νῦν*.
ār masc. 'Gold'. Aus lat. *aurum*.
arɛ fem. 'Feld', 'Landgut'. Aus lat. *area*.
argɛndár masc. 'Silberarbeiter'. Aus lat. *argentārius*. Vgl. *ɛrgént*.
ārtɛ 'golden'; von *ār* 'Gold'.
arɛ fem. 'Nuss'.
arɛsüe fem. 'Grund'. Aus lat. *ratiōnem*.
arín̯ 'komme an', 'komme heran'. Aus it. *arrivare*.
as 'und nicht'; aus *a* 'oder' und *s sɛ* 'nicht'.

aštú 'so'. *giϑaštú* 'ganz so', 'ebenso'.
at masc. 'Vater'. Vgl. lat. got. *atta* aslov. *otьcь*.
atɛhɛrɛ 'darauf', eig. 'in dieser Zeit'.
atɛhérɛnaj 'darauf'.
atié 'dort'.
atienáj 'dort'.
atũ scut. 'dort'.
aû, geg. griech. cal. sic. *aî* 'jener'. Gr. § 74.

b.

babá masc. 'Vater'. Aus tü. *baba*.
bagɛtí fem. 'Vieh'. Eigentlich 'Lastvieh', vgl. Diez s. v. *baga*.
bairám masc. 'Bairamfest'. Aus tü. *bajram*.
bāń 'halte', 'trage', 'bringe'.
barϑ, fem. *barðe* 'weiss'.
baris barit 'kämpfe' (?); serb. *boriti?*
bark masc. 'Bauch'.
barɛ fem. 'Last'. Aus idg. *bhorno-* 'das Getragene' = got. *barn* 'Kind'.
baškɛ Adv. 'zusammen'.
baštɛ fem. 'Garten'. Aus serb. *bašta* 'Garten' (auch *bašća* Vuk) und dies tü.
baj geg. 'mache' = *bēń* s. d.
be masc., best. *beu* 'Bei'. Aus tü. *bej*.

befas 'plötzlich'.
belek masc. 'Kampfpreis', 'Kampf'. Aus serb. *biljeg* = aslov. *bělěgъ* 'Zeichen'.
berhér masc. 'Barbier'. Aus tü. *berber* und dies aus ital. *barbiere*.
bese fem. 'Glaube', 'Treue', 'Vertrag'.
besóń 'glaube'; vom vorigen.
bēń 'mache'. Vgl. griech. φαίνω u. s. w.
bezóń masc. cal. 'Noth'. Aus ital. *bisogno*.
bie 'falle', 'stürze mich auf Jemand', 'schlage'. Für *bier*; vgl. ahd. ags. *berjan* an. *berja* lat. *ferio*.
bijε fem. 'Tochter'. Für *bilε*; = lat. *filia*.
bint 'überrede', Stamm *bind-*. Für *bend-* (Gr. § 7) = idg. *bhendh*.
lir masc. 'Sohn'. Für *bil* = lat. *filius*.
bistre fem. 'Ungeheuer'.
bišt masc. 'Schwanz'; mit *rah* 'Ausflucht'.
blē 'kaufe'. Aus lat. *ablevare*.
bosilók masc. 'Basilicum'. Aus serb. *bosiljak* = βασιλικόν.
bote fem. 'Welt', 'Leute'.
boze fem. 'Fass'. Zu ital. *boccia* u. s. w.
brek masc. 'Hügel', Stamm *breg-*. Aus serb. *breg* 'Hügel', 'Ufer' = aslov. *brěgъ*.
brendu Adv. 'drinnen'. Aus lat. *per-intus*?
buke fem. 'Brot'. Aus lat. *bucca* 'Mund'.

búkurε 'schön'. Vgl. rumän. *bukurá* 'sich freuen'. *bukurie* 'Freude', 'Genuss'.
búkurεzε 'Schöne', Deminutiv von *búkurε*.
būrε sic. Part. von *buń* = *bēń* 'mache'.
buŕε masc. 'Mann'.
butε 'sanft'.

d.

dal 'komme hervor', 'sprosse'; 'gehe auf (von der Sonne)'. Vgl. griech. θάλλω.
dale Adv. 'langsam'.
dalun scut. Part. von *dal* 'Aufgang'.
dāń geg. 'vertheile' = *ndāń*.
darovε fem. 'Geschenk'. Zu *darovis darovit* 'schenke'. Aus serb. *daroviti darovati* 'schenken'.
dásεmε, dasmε fem. 'Hochzeit'.
daš masc. 'Widder'. Plural neben *deš* (Gr. § 36) auch *dešiń* (zu Gr. § 34).
dášurε fem. 'Geliebte'. Vgl. *deša*.
dašurí fem. 'Liebe'. Vgl. *deša*.
de griech. 'zu'. Vgl. *te* Gr. § 133.
derϑ 'vergiesse'; Pass. *derdem* 'stürze mich'.
dere fem. 'Thür'. Idg. *dhver-* (neben *dhvor- dhur-*).
derǵem 'bin krank'.
derk masc. cal. 'Schwein', Plur. *dirkit*. Von *deŕ* masc. 'Schwein' = gr. χοῖρος, Grundform *ghoiro-* mit palatalem *gh*, uralb. *daira-*.

deša 'wollte'. Aor. zu *dua* (Gr. § 117).

dēt masc. 'Meer'.

dęń scut. 'würdig'. Aus ital. *degno*.

dęftéń 'zeige'. Aus lat. *indictare* von *indicare* 'anzeigen'.

dεgóń 'höre'. Aus lat. *intelligere*.

dεréit 'grade aus'. Aus lat. *directus*.

dεrgóń 'schicke'. Aus lat. *dirigere*.

dεśεrim masc. 'Verlangen'. Von

dεśεróń 'verlange'. Aus lat. *desiderare*.

dεštóń 'mache eine Frühgeburt'.

dεtüre fem. 'Verpflichtung'. Aus lat. *debitūra.

dī 'ich weiss'. Vgl. ai. *dhī* f. 'Gedanke', 'Einsicht'.

diaϑtε 'rechts' = aslov. *destъ* 'rechts'.

diál masc. 'Sohn'. Plural *diémtε* (Gr. § 37), griech. *dieltε*.

dialεϑ masc. 'Knäbchen', Deminutiv von *diál*.

diek 'verbrenne', 'brenne an' Stamm *dieg-*. Vgl. lit. *degù*, ai. *dáhati*.

diel masc. 'Sonne', sic. *dieχ*, bestimmt *dieγi*.

diép masc. 'Wiege'.

digój 'höre' = *dεgóń*, s. d.

dimer masc. 'Winter'. Vgl. ai. *himā*, asl. *zima*, gr. χειμών u. s. w.

dimεrí fem. 'Winter; vom vorigen.

dinák 'listig'.

diñu cal. 'würdig'. Aus cal. *dignu* = ital. *degno*.

disá 'manche', 'einige'. Gr. § 78.

diśεróń 'wünsche' = *dεśεróń* s. d.

dišpεrüere 'verzweifelt', Part. von *dišpεréń* aus lat. *disperare*.

ditε fem. 'Tag'. Vgl. ai. *dina-* asl. *dьnь* u. s. w.

ditš 'etwas', 'ein wenig'.

dołomú fem. 'rothes Brusttuch'. Aus tü. *dolama*.

dopu cal. 'nachher'. Aus cal. *doppu* = ital. *dopo*.

dore fem. 'Hand'.

dorokopsur cal. 'gequält'.

dot, Verstärkung der Negation *s*, 'gar nicht'. Aus lat. *in toto*.

dreϑ 'drehe', 'drehe zusammen', Stamm *dreð-*.

drek Adv. 'grade aus', 'unmittelbar'. Vgl. *dεreit*.

driϑε masc. ntr. 'Getreide'.

droe fem. 'Furcht'.

drū masc. (best. *druri*) und fem. (best. *druja*) 'Holz', 'Baum'. Vgl. ai. *dru-* gr. δρῦς got. *triu*.

duaj 'will', 'liebe'.

dudí fem. 'Lachtaube'.

dúhaem 'bin nothwendig', Pass. von *dua* 'soll'.

dukem 'scheine'.

dū 'zwei'. Vgl. idg. *du- dvō-*.

dümbεðietε 'zwölf'.

dūtε 'zweiter'.

dz.

dzbres 'steige herab'.
dzgoń 'erwecke', Pass. *dzgohem* 'wache auf'.

dž.

džej 'finde', scut. = *geń*.
džets 'etwas'. Gr. § 76.

δ.

δ*amp* geg., δ*ɑm* scut. masc. 'Zahn', s. δ*ɛmp*.
δ*ē* masc. 'Land', 'Erde', best. δ*ēu*, Plur. cal. δ*era* 'Felder', 'Landgüter'. Vgl. gr. γῆ u. s. w.
δ*ɛmp* masc. 'Zahn', Stamm δ*ɛmb-*; cal. δ*ɛmp* geg. δ*amp* scut. δ*ɑm*. Vgl. ai. *jámbha-* gr. γόμφος, lit. *žamba* asl. *ząbъ*.
δ*ender* masc. 'Bräutigam'. Vgl. ai. *jámātar-* av. *zāmātar-* asl. *zętь* 'Schwiegersohn'.
δ*iamánt* masc. 'Diamant'. Aus ngr. διαμάντι.
δ*implet* 'es erbarmt mich', mit Dativ.
δ*is* masc. 'Westen'. Aus ngr. δύσις.
δ*omɛ* fem. 'Zimmer'. Aus ngr. δῶμα. Vgl. δωμάτιον 'Zimmer'.
δ*uratɛ* fem. 'Gabe', 'Geschenk'. Aus lat. *donatum* von *donare* (= alb. δ*uróń* δ*erόń*).

ϑ.

ϑ*agmɛ* fem. 'Staunen', 'Wunder'. Aus ngr. ϑαῦμα.
ϑ*am* scut. 'sage' = ϑ*om* s. d.
ϑ*avmasem* 'erstaune' sic. Aus ngr. ϑαυμάζω.
ϑ*er* 'schlachte'.
ϑ*ɛrás* 'rufe'.
ϑ*ɛrítejɛ* fem. 'Berufung'.
ϑ*ɛrítɛs* masc. 'Rufer', 'Botschafter'.
ϑ*ī* masc. 'Schwein'. Vgl. av. *hu-* gr. σῦς u. s. w.
ϑ*irmɛ* fem. 'Geschrei'. Vgl. ϑ*ɛrás*.
ϑ*om*, scut. ϑ*am* 'sage'. Vgl. ai. *çąsati*, av. *sañhaitē* 'nennt sich', altpers. *apaha* 'sprach', lat. *censeo*.
ϑ*üeń* 'zerbreche'.

e.

e 'und'. Aus lat. *et*. Zur leichteren Unterscheidung von den Pronominal- u. Artikelformen *e* ist die Conjunction durch den Accent gekennzeichnet.
ea, eja 'komm'. Auch ngr. ἔλα, bulg. *ela*, serb. *ela gela*.
eδé 'und'.
eϑ 'Böcklein', Stamm *eδ-*. Aus lat. *haedus*, wie rum. *jedu*, oder = gr. αἰγ-?
egɛrsirɛ fem. 'Wildheit', 'wildes Thier'. Mit Suffix *-sirɛ* geg. *-sinɛ*, aus gr. *-σύνη*, von *egrɛ* 'wild', aus lat. *acris* abgeleitet.
eja s. *ea*.
ekatóndarχ(o), best. *ekatóndarχoi* oder *ekatóndarχu* masc. 'Centurio'. Aus ngr. ἑκατόνταρχος.

émɛtɛ fem. 'Tante'. Aus lat. *amita*.
enɛ fem. 'Gefäss'.
erða 'kam', Aorist zu *viń*. Vgl. gr. ἔρχ-ομαι.
ērɛ fem. 'Luft', 'Wind'. Aus lat. *aria*.
erēsinɛ geg., *erēsirɛ* tosk. fem. 'Finsterniss'. Vgl. das folgende.
erētɛ 'finster', als ntr. 'Finsterniss'; von *ērɛ* fem. 'Finsterniss'.
ètr. Abkürzung von *è tɛ-tiératɛ* 'und das andere', 'und so weiter'.
etsɛń 'gehe'. Aus rum. *es-*.

ε.

émbɛlɛ 'süss'.
ɛmblɛsóń 'versüsse'.
ɛmɛ fem. 'Mutter'. Vgl. an. ahd. *amma* span. port. *ama*.
ɛndɛ fem. 'Lust', 'Verlangen'; *mɛ ka ɛnda* 'es macht mir Vergnügen'.
ɛrġɛndɛ 'silbern'; von *ɛrġént* masc. 'Silber' aus lat. *argentum*.

f.

faj masc. 'Fehler', 'Vergehen', 'Sünde'. Aus lat. *fallere*.
fakɛ fem. 'Gesicht', 'Wange'. Aus lat. *facies*.
fal griech. 'bitte'. *falɛm* 'begrüsse'.
fanepsɛm 'erscheine'. Aus ngr. *φανεύω.
farɛ fem. 'Geschlecht', 'Verwandtschaft'. Als Adv. (auch *farɛ*) 'ganz', 'sehr', besonders bei der Negation. Auch im mac.-rum. und bulg. Vgl. langob. *fara* 'Nachkommenschaft', 'Familie'.
fat masc. 'Schicksal'. Aus lat. *fatum*.
fati fem. 'Fee'. Vom vorigen.
fat-keḱ 'unglücklich'.
fatkeḱɛri fem. 'Unglück'.
fɛlɛ 'tief'.
fɛjéń 'fehle', 'sündige'; s. *faj*.
fɛmijɛ fem. 'Kind', coll. 'Kinder'. Aus lat. *familia*.
fiḱál griech. masc. 'Centurio', 'Officier'. Aus ngr. ὀφφικιάλος und dies aus lat. *officialis*.
fil masc. 'Faden'. Aus lat. *filum*.
filóń 'fange an'. Vom vorigen.
fitóń 'gewinne', 'verdiene'. Aus ital. *profittare*.
fjalɛ fem. 'Rede', 'Wort'. Aus lat. *fabella*.
fjē 'schlafe'. s. *flē*.
flambur masc. 'Fahne'. Aus lat. *flammulum*.
flas 'spreche'. Aus lat. *fabulari*.
flē 'schlafe'. Aus lat. *flare* (vgl. ital. *fiatare* 'athmen').
flɛtɛ fem. 'Blatt', 'Flügel'. Aus ital. *foglietta*.
flori masc. 'Goldstück', Stamm *florin-*. Aus *florinus*, ital. *fiorino*, span. frz. *florin*.
flüturóń 'fliege'. Wie rum. *flutura* aus lat. *fluctulare*.
flütürim masc. 'Flug'. Vom vorigen.

folé fem. 'Nest'. Aus ngr. φωλιά = agr. φωλεά.
fort Adv. 'sehr'. Aus ital. *forte*.
fośńe fem. 'Säugling'. Zu rum. *faśe* 'Windel', aus lat. *fascia*.
frikamán 'furchtsam'. Von
frike fem. 'Furcht'. Aus ngr. φρίχη 'Schauder', 'Furcht'.
frikesóń 'erschrecke'. Vom vorigen.
frikesuar 'furchtsam'. Part. des vorigen.
fron masc. 'Thron', 'Stuhl'. Aus ngr. θρόνος.
früme fem. 'Athem'. *mar früme* 'schöpfe Athem', 'bekomme Muth'.
fšat masc. 'Dorf'.
fšeh 'verberge'.
fšéhuraj 'heimlich'.
fštetem 'bleibe'.
ftes cal. 'fehle', 'sündige'. Aus ngr. φταίω = πταίω.
ftete sic. 'wahrhaftig'. Aus *vertete*, s. d.
ftóhete 'kalt'.
ftoń 'lade ein'. Aus lat. *invitare*.
ftua masc. 'Quitte', best. *ftoi*. Aus lat. *cotōneum*.
fukišim 'stark'; von *fukí* fem. 'Stärke'.
funt masc. 'Grund', 'Ende', best. *fundi*. Aus lat. *fundus*.
furize cal., Plur. *furizra* 'Diener'.
furke fem. 'Spinnrocken'. Aus lat. *furca*.
fuŕe fem. 'Ofen'. Aus lat. *furnus*.

fustán masc. 'Fustanelle'. Aus tü. *festan* 'Weiberrock'.
futem 'tauche unter'.
fütüre fem. 'Gestalt', 'Aussehen'. Aus lat. *factūra*.

g.

gaľkóń 'belaste', 'lade auf'; = *ngarkóń* s. d.
gas masc. 'Freude', Stamm *gaz-*. Aus lat. *gaudium*.
gatí 'bereit'. Vgl. bulg. serb. *gotov* 'bereit' = asl. *gotovъ*.
gazemóń 'freue mich'; von *gas*, s. d.
geńéń 'täusche', 'betrüge'. Aus ital. *ingannare*.
geńüerśim 'betrügerisch'; vom vorigen.
gezim masc. 'Freude'. Von
gezóń 'erfreue', Pass. *gezohem* 'freue mich'; von *gas*, s. d.
godis godit 'treffe'. Aus slav. *goditi*.
gojé fem. 'Mund'. Aus ital. *gola*.
gomarjár masc. 'Eselshirt'; von *gomár* masc. 'Esel', aus ngr. γομάρι.
grijeture ntr. Part. 'das Klappern', 'Knirschen'.
gris 'zerreisse', 'verschwende'. Zu serb. *gristi* 'beissen', 'benagen'.
groś masc. 'Piaster'. Bulg. serb. *groś*, ngr. γρόσι, tü. *guruš*, aus ital. *grosso*.
grua fem. 'Frau'. Vgl. gr. γραῦς?
guľtsóń 'beunruhige'.

gúše fem. 'Hals'. Serb. gúša
  'Kropf', 'Kehle', bulg. *gúšь*,
  rum. *gúše* 'Kehle'.

ǵ.

ǵak masc. 'Blut'. Vgl. asl.
  sokъ 'Saft'.
ǵałe 'lebendig'. Vgl. lat. *sal-
  vus*.
ǵāń 'ereigne mich', 'stosse zu'.
ǵarper masc. 'Schlange'. Vgl.
  ai. *sarpa-* u. s. w.
ǵašłe 'sechs'. Vgl. lat. *sex*
  u. s. w.
ǵałe 'lang'.
ǵq̇ geg. = ǵē s. d.
ǵek 'höre', Stamm ǵeǵ-. Für
  dieǵ- (vgl. *deǵóń*) aus lat.
  intelligo.
ǵēń 'finde'. Pass. ǵendem 'be-
  finde mich'. Vgl. gr. χενδ-
  χανδάνω, lat. *pre-hendo*.
ǵerakíne fem. 'Habicht'. Aus
  ngr. γεράκι = ἱέραξ.
ǵēre 'bis'.
ǵeresá 'bis dass' Conj.
ǵē 'etwas'; masc. 'Sache',
  'Eigenthum', 'Vermögen';
  geg. ǵq̇.
ǵełís cal. 'lebe', von ǵałe s. d.
ǵeme fem. 'Haufen', eig. 'das
  Brausen', vgl. das folgende.
ǵemóń 'seufze'. Aus lat. *gemere*.
ǵéndeje fem. 'Volk'. Aus lat.
  gentem.
ǵesendí 'etwas', vgl. ǵē.
ǵī masc. 'Busen', Stamm ǵin-.
  Vgl. lat. *sinus*.
ǵiϑe 'jeder', 'ganz', Plur. 'alle'.
  Gr. § 78. *me ǵiϑe* 'samt'.
ǵiϑe-sej 'im ganzen' = ǵiϑ-
  sḗ 'alles'.

ǵišt masc. 'Finger'. Vgl. ai.
  anguštha- 'Daumen', neup.
  angušt 'Finger'.
ǵore 'unglücklich'.
ǵume masc. 'Schlaf'. Vgl. lat.
  somnus u. s. w.
ǵurme fem. 'Spur'. Aus ital.
  orma durch Vermittelung
  eines ngr. *γιούρμα.
ǵúmese 'halb', fem. 'Hälfte'.
  Aus ngr. ἥμισυς.

h.

hā 'esse'.
haj 'auf!' 'geh!' *haide* das-
  selbe. Aus tü. *hajde*.
hakerúare 'stolz', 'ansehnlich'.
haładís 'beschütze'.
haławiture Part. von *haławitem*
  'zerstreue mich', 'unterhalte
  mich'.
hamám masc. 'Bad'. Aus tü.
  ḱammam.
hap 'öffne'.
hardžóń 'gebe aus'; von *harts̆*,
  s. d.
haré cal. fem. 'Freude', 'Lust-
  barkeit'. Aus ngr. χαρά.
haréps cal. 'erfreue'; vom
  vorigen, gleichsam ngr.
  *χαρεύω.
harme fem. 'Waffe'. Aus lat.
  arma.
harts̆ masc. 'Ausgabe', best.
  hardži. Aus tü. χardž.
harúpe fem. 'Johannisbrot'.
  Aus tü. χarrub.
haróń 'vergesse'.
haús masc. 'Abgrund', 'Loch',
  'Höhle', best. *hauzi*. Aus
  tü. *ḱavz Ḱavuz* 'Wasser-
  behälter'.

heϑ 'werfe', Stamm *heð*-. Vgl. ags. *sceotan*, an. *skjóta* = urgerm. *skeudō*.
hékurtɛ 'eisern'; von *hekur* masc. 'Eisen'.
hek 'ziehe'.
hem- hem 'sowohl — als auch'.
herɛ fem. 'Zeit'; cal. *χēr*.
heśtɛ 'still!'
hie fem. 'Schatten', 'Schutz', 'Anmuth'. *mɛ kā hie* 'es ziemt mir'. Vgl. ai. *chāyā*, gr. σκιά.
hiesim 'geziemend', 'schön'.
hoðɛ fem. 'Zimmer'. Aus tü. *oda*.
hon masc. 'Loch', 'Schlund'. Aus ngr. χωνί 'Trichter'.
hop 'Ruf beim Aufziehen', 'das Aufziehen selbst'.
hua Adv. 'leihweise'. Zu *húajɛ* 'fremd'.
humbás 'gehe zu Grunde'.
húmbɛjɛ fem. 'Verlust'. Wie das vorige von
hump 'verliere', 'vernichte'. Pass. *humbem* 'gehe unter'.
hundɛ fem. 'Nase'.
hup geg. = *hump* 'verliere'.
hüṅ 'gehe hinein'; cal. sic. χιṅ.
hüp 'bringe herauf', 'steige auf'.

χ.

χēr cal. 'Zeit' = *herɛ*, s. d.
χiṅ cal. sic. = *hüṅ*, s. d.

i.

ikɛṅ 'gehe fort'.
istorí fem. 'Geschichte'. Aus ngr. ἱστορία.

izɛ fem. 'Erlaubniss'. Aus tü. *izin* 'Urlaub'.

j.

jakɛ 'komm her!'
jam 'ich bin'. Idg. *ésmi*.
jap 'gebe'; geg. *nap*.
jarán masc. 'Liebhaber', 'stattlicher Bursch'. Aus tü. *jar juran* 'Freund'.
jaśem cal. 'draussen befindlich'. Von
jaśtɛ Adv. 'ausserhalb'. Aus lat. *exter*.
jate 'sieh da!' 'hier'.
javo 'siehe!' 'da!'
jē fem. 'Erlaubniss'.
jetɛ fem. 'Leben'. Aus lat. *aetas*.
jo 'nein'. Aus tü. *jok*.

k.

ka cal. 'aus', 'von' = *nga*.
kadɛnɛ fem. 'Dame', 'vornehme Frau'. Aus tü. *kadēn* 'Frau'.
kadḗr griech. 'würdig', 'im Stande'. Aus tü. *kadir* 'vermögend', 'mächtig'.
kakɛ 'so gross'. Gr. § 78.
kālɛ masc. 'Pferd'. Aus lat. *caballus*.
kam 'habe'. Vgl. lat. *habeo*, got. *habai-*.
kamɛs 'reich'; vom vorigen.
kambɛ geg. = *kɛmbɛ*, s. d.
kangeľe cal. fem. 'Lied', von *kangɛ kɛngɛ*, s. d., mit ital. Suffix *-ella*.
kangɛ geg. = *kɛngɛ*, s. d.
kapɛrdzéṅ kapɛrtséṅ 'verfliesse', 'übertrete'.

karasti cal. fem. 'Huugersnoth'. Aus ital. *carestia*.
kartséń 'springe'. Aus serb. *skočiti*, bulg. *skoća skačem*.
kartsim masc. 'Sprung'; vom vorigen.
kaštōre fem. 'Strohhütte'; von *kašte* fem. 'Stroh'.
katsik cal. masc. 'Böcklein', ngr. χατσίκι, tü. *ketši*.
katš scut. = *kake*, s. d.
katiint masc. 'Ort', best. *katundi*.
kek 'schlecht'. Gr. § 52. scut. *kets*.
kets 1) masc. 'Zicklein'. Vgl. *katsik*.
2) scut. = *kek*, s. d.
kelás kelét 'rufe herbei'.
kembe fem. 'Fuss'; geg. *kambe*. Aus vulgärlat. *camba*.
kenák 'stelle zufrieden'.
kenaki fem. 'Befriedigung', 'Zufriedenheit'.
kendéj 'hieher'.
kendóń 'singe'. Aus lat. *cantare*.
kenge fem. 'Lied', geg. *kange*. Aus lat. *canticum*.
keputse fem. 'Schuh'. Aus tü. *papuš paputš* 'Pantoffel'. Vgl. mac.-rum. *peputse*.
kerkóń 'suche'. Aus lat. *circare* = ital. *cercare*, franz. *chercher*.
kersás kertsás 'knirsche', 'schalle'. Aus serb. *krcam*, bulg. *skrъcam krъcam*.
kešiłe fem. 'Rath'. Aus lat. *consilium*.
kešiłóń 'rathe'; vom vorigen.
keštú 'so'. Vgl. *aštú*.

ketié 'dort'. Vgl. *atié*.
ketiłe 'ein solcher'. Gr. § 77.
ketú 'hier'.
kĺāń griech. und sic. 'weine' = *kāń*. Aus lat. *clamare*.
kohe fem. 'Zeit'; griech. κοχε.
koke fem. 'Beere', 'Baumfrucht'. Aus lat. *coccum*.
koláj, me koláj 'leicht' Adv. Aus tü. *kolaj*.
kópešte fem. 'Garten'.
kopiasme sic. 'gequält'. Aus ngr. χοπιάζω.
kopile fem. 'Dienerin'; von *kopile* masc. 'Diener'. Vgl. asl. *kopilъ* 'Bastard', rum. *kopil* 'Kind', ngr. χοπέλι 'junger Mann', 'Diener'.
kopileri fem. 'Dienst'; vom vorigen.
kopiłóń 'diene'; von *kopile*.
kovatške fem. 'Bruthenne'. Aus serb. *kvočka*.
kove fem. 'Schöpfeimer'. Aus tü. *kova koga* 'Eimer'.
krah masc. 'Arm', 'Flügel'. Vgl. serb. *krak*, lit. *kárka*.
kreh 'kämme'.
kremte fem. 'Feiertag', 'Fest'.
kris griech. 'knirsche'. Aus ngr. χρίζω; doch vgl. *kersás*.
krüe masc. und fem. 'Haupt', Stamm *kre-* aus *krer-*. Aus lat. *cerebrum*.
krüe-úńete 'bescheiden'.
kšiŁ griech. fem. 'Wort', 'Rede' = *kešiłe*.
ku 'wo?'
kubure fem. 'Pistole'. Aus tü. *kubur* 'Futteral', 'Pistolentasche'.

kudzóń 'wage'. Vgl. rum. *kutéz* 'wage', ngr. κοτέω.
kuidés masc. 'Sorge', 'Pflege'. Zu
kuitóń 'denke', Pass. *kuitohem* 'erinnere mich'. Aus lat. *cogitare*.
kulós kulót 'weide', 'hüte'.
kuľetɛ fem. 'Beutel'. Aus lat. *culleus* 'lederner Sack'. Vgl. serb. *kulete* fem. Plur. 'Patrontasche'.
kumbare fem. 'Gevatter'. Aus ital. *compare*.
kunát masc. 'Schwager'. Aus lat. *cognatus*.
kunatɛ fem. 'Schwägerin'. Vom vorigen.
kuntr cal. 'gegen'. Aus lat. *contra*.
kupɛ fem. 'Becher', 'Trinkschale'. Aus lat. *cupa*.
kupɛtóń 'verstehe'. Aus lat. *computare*.
kur 'wann?' Aus lat. *quā horū*.
kurkuš geg., mit *s* 'niemand'.
kurorɛ fem. 'Brautkranz'. Aus lat. *corona*.
kursim masc. 'Sparsamkeit': von *kurséń kursóń* 'spare', aus lat. **curtiare* von *curtus*, rum. *krutsá* 'sparen'.
kurvɛ fem. 'Hure'. Aus serb. bulg. *kurva*.
kuŕɛ 'jemals'.
kuŕɛnaj 'jemals'.
kuŕis masc. 'Rücken', Stamm *kuŕiz-*.
kusár masc. 'Räuber'. Aus lat. **cursarius*, ital. *corsare*.
kuturís 'wage'. Aus ngr. κουτουρῶ. Vgl. *kudzóń*.

kŭ, griech. ital. *ki* 'dieser'.
kŭm masc. 'Haufen'. Aus tü. *kŭme* 'Haufen'.

K̃.

k̃afɛ fem. 'Hals' = rum. *tšeafɛ* fem. 'Nacken', 'Hinterhaupt'.
k̃āń 'weine', griech. sic. *k̃āń*. Aus lat. *clamo*.
k̃as 'nähere', *k̃asɛm* 'nähere mich'. Vgl. asl. *kosnati* 'berühren'.
k̃elepír masc. 'Fang', 'Beute'. Aus tü. *k̃elepir*.
k̃en masc. 'Hund'. Aus lat. *canis*.
k̃endrɛ fem. 'Festigkeit', 'Muth'.
k̃endróń 'bleibe stehen', 'bleibe'.
k̃erɛ fem. 'Kopfgrind'. Aus lat. *caries*.
k̃erós masc. 'Grindkopf', Stamm *k̃eróz-*. Aus lat. *cariosus*.
k̃eŕe fem. 'Wagen'. Aus lat. *carrus*.
k̃ē Plur. von *k̃ā* masc. 'Ochs'.
k̃eš 'lache'.
k̃evernı́ fem. 'Gerät', 'Hilfsmittel'. Zu ngr. κυβερνῶ.
k̃ɛ 'welcher', 'welche'; Conj. 'dass', 'damit'. *k̃ɛpá* 'bevor'.
k̃ɛlóń 'passe auf', 'gebe acht'.
k̃iel masc. 'Himmel'; sic. *k̃ieχ*, best. *k̃ieγi*. Aus lat. *caelum*.
k̃iľár masc. 'Keller', 'Speisekammer'. Aus tü. *k̃ilar* = mgr. κελλάριον = lat. *cellarium*.

kindrón cal. 'erstaune' = *kendrón*, s. d.

kiparis masc. 'Cypresse'. Aus ngr. κυπαρίσσι.

kiri masc. 'Kerze'. Aus ngr. κηρί.

kis kit 'ziehe heraus', 'gewinne'. Aus lat. *citare*.

kuań 'nenne', Pass. *kuhaem kuhem* 'heisse'.

kuł 'mache nass'.

kиš 'wie?'

kütét masc. 'Stadt'. Aus lat. *civitatem*.

kütetár masc. 'Bürger'; vom vorigen.

l.

laftari fem. 'Aufregung'. Zu ngr. λαχταρίζω.

lambade fem. 'Fackel'. Aus ngr. λαμπάδα.

lámie fem. 'Lamie', 'weiblicher Unhold'. Aus ngr. λάμια.

loje fem. 'Art', 'Gattung'. Aus ngr. λόγι λογή.

luvi cal. fem. 'Schale von Hülsenfrüchten'. Aus ngr. λουβί.

l'.

łagin masc. 'Gefäss'. Aus ngr. λαγήνι.

łaika è paika 'dies und das', 'hin und her'.

łaime fem. 'Nachricht'.

łanetár masc. 'Bad'; von *łań* 'bade'. Aus lat. *lavo*.

łangua masc. 'Windhund', best. *łangoi*. Aus ngr. λαγωνικόν.

łār masc. 'Bad'; von *łań* 'bade'. Aus lat. *lavo*.

łargón 'entferne', *łargohem* 'entferne mich'; von *łark* 'weit', Stamm *łarg-*. Aus lat. *largus*.

łarte 'hoch'. Aus ital. *all'erta*.

łašonem griech. 'gehe fort', = *łešonem*, s. *łešoń*.

łe 'lasse'.

łeme geg. 'Aufgang der Sonne'; von *łeń* 'entstehe', 'werde geboren', 'gehe auf'. Aus lat. *levare*.

łepur masc. 'Hase'. Aus lat. *leporem*.

łeš masc. 'Haar'. Vgl. mhd. *vlies* ags. *fleos*.

łereń 'lasse'.

łešoń 'lasse'. Aus lat. *lassare* = ital. *lasciare*.

łevdón 'lobe'. Aus lat. *laudare*.

łiϑ 'binde', Stamm *łid-*. Vgl. lat. *ligare*.

łik 'schlecht', Stamm *łig-*. Vgl. gr. ὀλίγος, lit. *ligà* 'Krankheit'.

łint 'gebäre'. Vgl. *łeme*.

łipisi cal. fem. 'Mitleid'. Aus ngr. λυπῶ ἐλύπησα. Vgl. boves. *łipimeno* 'unglücklich'.

łirúaršim 'frei'; von *łirón*. Aus lat. *liberare*.

łis masc. 'Baum'. Aus asl. лѣсъ 'Wald', serb. *lijes*.

łitár masc. 'Seil', serb. *litár* 'Baststrick', 'Hundehalsband', ngr. λυτάρι 'Band zum Zusammenkoppeln der Hunde'.

lodrɛ fem. 'Spiel', 'Spielzeug'; von *los lot* (Stamm *lod-*) 'spiele', 'reize', 'bewege'. Vgl. lit. *pa-loda* 'Übermuth'.

loϑ 'ermüde', Stamm *lod-*. Vgl. got. *lata-* an. *latr* 'träge', 'faul', lat. *lassus* = *lad-to-*.

lot masc. 'Thräne'. Aus lat. *flētus*?

luań 'spiele'. Aus lat. *lūdere*.

luftɛ fem. 'Kampf'. Aus lat. *lucta*.

luḻe fem. 'Blume'. Ngr. λουλούδι.

lumɛ masc. 'Fluss'. Aus lat. *flūmen*?

lumɛϑ masc. 'Flüsschen'; Verkleinerungswort vom vorigen.

lumtɛ 'glückselig'.

lut 'bitte'. Vgl. gr. λίτομαι?

lüp 'bitte'.

lüps 'fehle', 'mangle'. Aus ngr. ἔλειψα.

m.

ma cal. 'aber'. Aus ital. *ma*.

madɛštór 'majestätisch'. Von *maϑ* 'gross', Stamm *mad-*. Vgl. ai. *mah-*, zd. *maz-*.

mai cal. 'jemals'. Aus ital. *mai*.

máitur 'gemästet'.

majɛ fem. 'Spitze'. Vgl. asl. *iz-moléti* 'hervorragen'.

makắr 'möchte doch!' Aus tü. *meger*, in allen Balkansprachen.

māl masc. 'Sehnsucht'.

maḻɛnüeń 'errege Mitleid', Pass. 'erbarme mich'. Vom vorigen.

maḻɛnohem 'habe Mitleid'. Von *māl*.

māl masc. 'Berg'.

mángutɛ ntr. 'Mangel'. Aus ital. *mancare*.

mantajašta sic. 'draussen'. Aus *m anɛ t ajašta*, s. *jaštɛ*.

margaritarɛ fem. 'Perle'. Aus ngr. μαργαριτάρι.

martesɛ fem. 'Hochzeit'. Von *martón* 'verheirate'. Aus lat. *maritare*.

mar̄ 'nehme'. *mar̄ maḻɛ* 'fliehe in die Berge'.

masɛ fem. 'Maass'. Von *mas mat* 'messe'. Vgl. lat. *mētior*, lit. *matúju*.

massi scut. 'als', 'nachdem'.

mą scut. = *mē* 'mehr', s. d.

mbāń 'halte' = *bāń*.

mbarón 'vollende', 'führe aus'.

mbarsɛ 'schwanger'.

mbérdurɛ 'gelb' (vor Furcht); von *ʋerϑ*, Stamm *ʋerd-* 'gelb', als Verbum 'mache gelb'. Aus lat. *viridis*.

mbesóń 'überrede', 'vertraue' = *besóń*.

mbeš 'bekleide', 'ziehe an', = *veš*, s. d.

mbes mbet 'bleibe'; *mbetem* dass.

mbɛ 'auf' = got. *bi*.

mbɛlieϑ 'versammle', aus Praep. *mbɛ* und *lieϑ*, Stamm *led-* = gr. λέγω, lat. *lego*.

mbɛńé 'zusammen'; aus Praep. *mbɛ* und *ńɛ* 'eins'.

mbɛretɛnı́ geg. fem. 'Königreich', s. *mbret.*
mbɛsɛfundi 'endlich', aus *mbɛ sɛ fundi*, s. *funt.*
mbieϑ cal. = *mblieϑ, mbɛlieϑ,* s. d.
mblōń 'fülle'. Aus lat. *implere.*
mbrapa, mrapa 'hinten'.
mbret masc. 'König'. Aus lat. *imperator.*
mbretɛresɛ fem. 'Königin'. Vom vorigen mit Suffix lat. -issa.
mbretɛrı́ fem. 'Königreich'. Von *mbret.*
mbrɛmɛ 'gestern abend'.
mburim masc. 'Ursprung', 'Quelle'.
mbuś 'fülle'.
mbül 'verschliesse', 'schliesse ein'.
mbüt 'ersticke', 'ertränke'; *mbütem* 'ertrinke'.
me 'mit' Praep. Aus ngr. μέ 'mit'.
mejaft Adv. 'hinlänglich', auch *me aft.*
mékurɛ 'erstarrt', 'gelähmt', 'sprachlos'. Für *melk-?* vgl. asl. *umlьknati* 'verstummen'.
meritóń 'verdiene'. Aus ital. *meritare.*
mes masc. 'Mitte'. Aus ngr. μέσον.
metr cal. fem. 'Maass'. Aus ngr. μέτρον.
mezı́ 'mit Mühe', 'kaum'. Aus Praep. *me* und *zī,* s. d.
mē 'mehr'; geg. *mą.* Aus lat. *magis.*
mɛhanɛ fem. 'Grund', 'Veranlassung'.

mɛmɛ, mɛmmɛ fem. 'Mutter'. Vgl. lat. *mamma.*
mɛndafštɛ 'sciden'; von *mɛndafšɛ* 'Seide'. Aus lat. *mataxa.*
mɛ́ndɛjɛ fem. 'Sinn', 'Verstand'. Aus lat. *mentem.*
mɛndonem, mɛndohem 'gedenke'. Vom vorigen.
mɛnóń 'bleibe'. Aus lat. *manere.*
mɛnt masc. 'Sinn', Stamm *mɛnd-*; *mbāń mɛnt* 'erinnere mich'. Aus lat. *mentem.*
mɛ́ntšimɛ 'klug'. Vom vorigen.
mɛrekulóń 'setze in Erstaunen'; von *mrekul, mɛrekul* 'Wunder'. Aus lat. *mirāculum.*
mɛrüerśim 'wunderbar'. Zu lat. *mirari.*
mɛrzis mɛrzit 'hasse'. Aus serb. *mrziti* 'hassen'.
mɛs masc. 'Füllen', Stamm *mɛz-.* Zu dacorum. *minz* mac.-rum. *mɛndzu,* ital. *manzo* u. s. w.
mɛsalɛ fem. 'Tisch'. Aus lat. *mensalis* (bulg. *mésal*).
mɛsóń 'erfahre', 'lerne'. Aus lat. **incitiare* = rum. *invetsă.*
mɛterete sic. 'Finsterniss'. Vgl. *eretɛ.*
mfšeh 'verberge', = *fšeh.*
mierɛ 'unglücklich'.
miešterı́ fem. 'Meisterschaft'; von *mieštrɛ* masc. 'Meister'. Aus lat. *magister.*
mik masc. 'Freund'. Aus lat. *amicus.*
mirɛ 'gut'.

miš masc. und ntr. 'Fleisch'. Vgl. ai. *mā̃sá-*, asl. *męso*, got. *mimz*.

mituri 'verzärtelt', 'zart'.

moj 'o!' bei der Anrede an ein weibliches Wesen.

molɛ fem. 'Apfel'. Aus lat. *mēlum* = *mālum*.

moré 'o!' bei der Anrede an einen Mann. Auch bulg. serb. *more* neben *bre*; ngr. μωρέ μπρέ; rum. tü. *bre*.

moŕis moŕit 'lause'; von *moŕ* masc. 'Laus'.

mos 'nicht', beim Imperativ und Optativ. Aus *mo* = ai. altiran. *mā*, gr. μή u. *s* (s. d.).

mosńeri 'Niemand', aus *mos* 'nicht' und *ńeri* 'Mann'.

mot masc. 'Jahr' = lit. *métas* 'Zeit', 'Jahr'.

motrɛ, *mótɛrɛ* fem. 'Schwester', idg. *māter-*. Vgl. lit. *mótė* 'Weib', 'Ehefrau'.

mpɛštét 'lehne an'.

mpróń 'schütze'.

mpsim masc. 'Lehre'; von *mɛsóń*, s. d.

muli masc. 'Mühle', Stamm *mulir - mulin -*. Aus lat. *molinum*.

mun 'bis'.

mundim masc. 'Anstrengung'; von *munt*.

munnújs cut. = *mundóń* 'quäle'; von *munt*.

munt 'kann', 'siege'.

mustake fem., gewöhnlich Plur. 'Schnurrbart'. Aus ital. *mostacchio*.

moeš 'bekleide' = *veš*. Vgl. *mbeš*.

n.

na 'siehe!' 'da!', slav. *na*, ngr. νά.

námeta 'später', 'hierauf'. Mit ngr. μετά 'nachher'.

nap geg. 'gebe'; s. *ap*.

natɛ fem. 'Nacht'. Vgl. ai. *nákti-*, asl. *noštь* (= *notjĭ*) u. s. w.

natoli gr. fem. 'Osten'. Aus ngr. ἀνατολή.

ndań 'vertheile'; Pass. *ndāhem* 'trenne mich', s. *dań*.

ndek Praep. 'zu'.

ndeńa 'ich sass', Ao. zu *ŕi* 'sitze'.

ndër masc. 'Ehre', 'Preis'. Aus lat. *honōrem*.

ndërɛjɛ fem. 'Ehre'; vom vorigen.

ndɛs 'zünde an'.

ndɛ Praep. 'in'; Conj. (auch *ndē*) 'wenn'.

ndɛgóń 'höre', s. *dɛgóń*.

ndɛnɛ Praep. 'unter' ('sub').

ndɛr Praep. 'zwischen', 'unter'. Aus lat. *inter*.

ndɛrtóń 'bereite', 'mache fertig'. Aus lat. *directare.

ndiek 'verfolge', 'folge'. Vgl. asl. *tekq*, lit. *tekù* 'laufe', 'fliesse'.

ndień 'höre', 'merke'.

ndih 'helfe'.

ndodem 'befinde mich (zufällig)'.

ndonɛ 'obgleich'.

ndónɛsɛ 'obgleich'.

ndońé 'irgend einer'.

ndoŕina cal. 'trotzdem'.

ndotsá 'einige'.

ndraš 'verdicke', 'vergrössere'; von *traše* 'dick'.
ndrek 'richte'; s. *drek*.
ndris ndrit 'glänze'.
ndritšim 'leuchtend'.
ndrüsim masc. 'Änderung'; von *ndrüše* 'anders'.
ndutu sic. 'sehr'. Aus *in toto*. Vgl. *dot*.
ndzéhɛtɛ 'heiss', 'glühend'.
ndzē 'erfahre'; s. *zē*.
ndziēr 'ziehe heraus', 'ziehe ab'. Für *zdiēr von *der-*, gr. δείρω u. s. w.
nenga cal. 'jetzt', 'nun'.
nésɛrmet 'am folgenden Tage'.
nevojɛ, nevolɛ fem. 'Nothwendigkeit', 'Bedürfniss'. Aus serb. bulg. *nevolja*.
nevolšim masc. 'Bedürfniss'. Vom vorigen.
nɛ Praep. 'in' = *ndɛ*.
nēkɛ griech. 'nicht'.
nɛmur 'unglücklich'.
nɛnɛ, nene fem. 'Mutter'. Vgl. serb. *nana* 'Mutter', rum. *nanɛ* 'ältere Schwester', magy. *néne* dass., tü. *nene* 'Grossmutter'.
nɛnɛ 'unter', s. *ndɛnɛ*.
nɛnk cal. 'nicht' = sic. *ngɛ* = gr. *nēkɛ*.
nga 'aus', 'von-her'. *nga mot* 'jedes Jahr'.
ngadálɛzɛ 'langsam', 'allmählich'; s. *dalɛ*.
ngaha Adv. 'wohin'.
ngalkóń, ngalɛkóń 'lade auf', 'belaste'; s. *ngarkóń*.
ngarkóń 'belade', 'lade auf'. Aus ital. *incaricare*.
ngas 'berühre', 'komme zu'.

ngazutonem 'freue mich'; s. *gas*.
ngɛrsimɛ cal. fem. 'das Knirschen', s. *kɛrsás*.
ngórdɛjɛ fem. 'Tod' (von Thieren). Von *ngorϑ* 'krepiere', Stamm *ngordʰ*.
ngreh 'errichte', 'richte auf': Pass. *ngrihem* 'erhebe mich', 'mache mich auf'.
ngrɛnɛ 'gegessen', als ntr. 'das Essen'. l'art. zu *hā*.
ngrī 'erstarre'.
ngaɫ 'mache lebendig': s. *gaɫɛ*.
ngārɛ Part. von *ngáń* 'ereigne mich'; *kā tɛ ngārɛ* 'es ereignet sich', 'trifft zu'.
ngeš 'umgürte' = idg. *jōs*, zd. *yūstō*, asl. *jas-*, lit. *jŭ'sta*, gr. ζωσ-.
ngis ngit 'klebe an', 'bringe zusammen'; Pass. *ngitem* 'nähere mich'. Aus *glit-*: vgl. lat. *glit-*, gr. γλιττός, lit. *glitè*.
nis 'schicke'; Pass. *nisem* 'schmücke mich', 'mache mich fertig', 'mache mich auf'. Aus ngr. ἐκίνησα!
nizám scut. masc. 'Soldat'. Aus tü. *nizam*.
nkɛϑéń 'wende um': Pass. *nkɛϑehem* 'kehre zurück'. Aus lat. *convertere*.
nkas 'nehme an'; Pass. *nkasem* 'nähere mich'. Vgl. *kas*.
nnei scut. 'sitze', s. *ndeńa*.
nnen scut. = *ndɛnɛ*.
nniej scut. 'höre' = *ndień*.
nukɛ 'nicht', auch *nuku*; gr. *nēkɛ*, cal. *nɛnk*, sic. *ngɛ*. Aus lat. *nunquam*.

nuse fem. 'Braut', 'Neuvermählte'.
nuseri fem. 'Stand der Neuvermählten'.

ń.

ńeri masc. 'Mann'. Vgl. idg. *ner-*.
ńe 'eins'.
ńehere 'einmal'; s. *here*.
ńoh 'ich weiss', 'kenne'.
ńómure sic. 'krank'.

o.

oke fem. 'Oka'. Aus tü. *oka*.
onáz cal. fem. 'Ring'; s. *unaze*.
ōr 'o!'
orani cal. 'nun'. Aus ital. *ora* und *νῦν*.
ōre fem. 'Stunde'. Aus ital. *ora*.

p.

pa 1) Praep. 'ohne'; beim Part. 'ohne zu', 'bevor' (Gr. § 119); vor Subst. und Adj. 'un-'. Kann die tonlose Satzdoppelform zu ai. *ápa*, gr. *ἄπο* sein. 2) Adv. 'wieder', 'hingegen', 'aber'.
pabésie fem. 'Treulosigkeit'; s. *bese*.
padúarkim 'begierig', 'wünschend'.
pahír masc. 'Gewalt'; *me hir* heisst 'gutwillig'.
paitóń 'komme überein'. Aus lat. *pactare* von *pactum*.
pak 'wenig'. Aus lat. *paucus*.
pákeze 'ein wenig'. Deminutivum des vorigen.

pak 'rein', 'sauber'. Aus tü. *pak* 'rein'.
pal 'brülle'.
pałe fem. 'Reihe', 'Falte'.
pamehaní fem. 'Rathlosigkeit'; s. *mehane*.
pandéh 'erwarte'. Aus ngr. *ἀπαντέχω*.
pańohture 'unbekannt'. Von *ńoh*.
papá 'wieder'; s. *pa* 2).
pará masc. 'Para', 'Geld'. Aus tü. *para*.
paraliteke cal. 'gelähmt'. Aus ngr. *παραλυτικός*.
parałitik 'gelähmt'; s. das vorige.
pare fem. 'Paar'. Aus lat. *par*.
pare 'erster'. *per te pare* 'zum ersten Mal'. Im Ablautsverhältniss zu *pr-* in asl. *prъvъ*, lit. *pirmas*.
parkałés 'bitte'. Aus ngr. *παρακαλέω*.
pas Adv. 'hinter'. Praep. 'nach'; *pas faḱeś* 'von der Wange herab'; = ai. *paç-* in *paçcāt*.
pasandáj 'hierauf'.
pasketáj 'später'.
pasekűre fem. 'Spiegel', 'Beispiel'.
passi 'nachdem', 'da', 'weil'.
pastáj 'hierauf'.
pastáime fem. 'der folgende Tag'.
pásure 'reich', Part. von *kam* 'habe'.
paške fem. 'Ostern'. Aus lat. *pasqua*.
pataksem 'erstaune'. Aus ngr. *πατάσσω*.

patɛ fem. 'Gans'. Vgl. span. *pato pata* 'Gans'; nslov., bulg., serb. *patka* 'Ente'.

patrɛmbɛśm 'furchtlos'; von *trɛmp*.

pavrápɛϑi 'schnell'; s. *vrap*.

pɛ Praep. = *prej* 'vor'.

pɛlɛ fem. 'Stute'. Vgl. gr. πῶλος.

perdźétś scut. 'antworte' = *pɛrǵék*.

pɛrɛndí fem. 'Gott'. Aus lat. *imperantem*.

pɛrɛndón 'gehe unter' von Sonne und Sternen. Aus lat. *imperare*. Vgl. ngr. ὁ ἥλιος βασιλεύει 'die Sonne geht unter'.

pɛrɛndúeme geg. 'Untergang'.

pesɛ 'fünf'. Vgl. ai. *pañca* u. s. w.

petk cal. masc. 'Ding', 'Sache' (= it. *roba*). Vgl. das folgende.

petkɛ fem. 'Vermögen', 'Ding'; sic. *ngɛ jam petkɛ* 'ich bin nicht werth'.

pɛḱi masc. 'Saum des Kleides', Stamm *pɛḱir-*.

pɛlás masc. 'Palast'. Aus lat. *palatium*.

pɛlḱén 'gefalle'. Aus lat. *placere*.

pɛndɛ fem. 'Feder', 'Flügel'. Aus lat. *penna*.

pɛr Praep. 'zu', 'um', 'für'. Aus lat. *per*.

pɛranɛ 'nahe', 'neben'; s. *anɛ*.

pɛrapɛ 'wieder'.

pɛrdikase cal. 'weil'.

pɛrés 'erwarte', 'nehme auf'.

pɛrgezimɛ fem. 'Freude'; s. *gas*.

pɛrǵákurɛ 'blutbefleckt'; s. *ǵak*.

pɛrǵeǵem 'antworte'.

pɛrhapem 'verbreite mich' (von einem Gerüchte); s. *hap*.

pɛrhɛrɛ 'immer'; s. *hɛrɛ*.

pɛrindɛtɛ 'die Eltern'. Aus lat. *parentes*.

pɛritɛ fem. 'Erwartung'; s. *pɛrés*.

pɛrjaśtem 'äusserst'; s. *jaśtɛ*.

pɛrḱeś 'verspotte'; s. *ḱeś*.

permbi 'auf', 'zu', aus *pɛr* und *mbi*.

pɛrpara 'vor', 'früher'; s. *parɛ*.

pɛrpiék 'stosse', 'schlage'.

pɛrpietɛ 'nach oben'.

pɛrserí 'wiederum', 'aufs neue'; s. *ri*.

pɛrsipɛr 'über', 'darauf'.

pɛrsùsem 'störe' (?).

pɛrśendóś 'begrüsse'.

pɛrtsiet 'bringe'; s. *siet*.

pɛruńɛ fem. 'Demuth', 'Bescheidenheit'.

pɛrvetem 'gehe in Erfüllung'.

pɛrvetśe 'ausser'.

pɛraɫɛ fem. 'Märchen'. Aus lat. *parabola*.

pɛsóń 'leide', 'erdulde'. Aus lat. *patior*.

pī 'trinke'. Vgl. ai., gr., slav. *pi-*.

piek 'brate'. Vgl. ai. *pac*, gr. πέσσω, asl. *pekǫ*.

piet 'gebäre', idg. *pel-* in lat. *pullus*, got. *fula*, gr. πῶλος, identisch mit *pel-* 'füllen'.

piesɛ fem. 'Antheil' = ital. *pezza*, frz. *pièce*. Aus lat. **petia*.

pikás 'vermuthe'. Aus ngr. ἀπεικάζω.
pik 'quäle'. Zu ital. *piccare* 'stechen' u. s. w.
pikɛlím masc. 'Betrübniss'. Von
pikɛlóń 'erbittere', 'betrübe': s. *pik*.
pikem 'begegne', Pass. zu *piek* 'berühre', 'begegne'.
plagɛ fem. 'Wunde' = ital. *piaga*.
plagós 'verwunde'; vom vorigen, nach ngr. πληγώνω.
plak masc. 'Greis'.
plakɛ fem. 'Greisin'.
plank-prišes masc.'Verschwender', 'Wüstling'; s. *priš*.
plásurɛ fem. 'Spalte'; Part. zu *plas*. Vgl. asl. *plesnqti* (Gr. § 102).
platškɛ fem. 'Beute'. Aus serb. *pljačka*.
plehɛ fem. 'Dünger', 'Misthaufen'.
plot 'voll' = lat. *plētus* u. s. w.
plotšɛ fem. 'Steinplatte'. Aus serb. *ploča* 'Platte' (auch rum. *plotšɛ*).
po 'aber', geg. *por*. Aus lat. *porro*.
poḱɛ 'als'.
porés masc. 'Abgabe', 'Steuer'. Aus serb. *porez*.
porosí fem. 'Befehl'. Von
porosis porosit 'befehle'. Aus serb. *poručiti*. bulg. *porъčvam*.
posa 'als'.
posikúr 'da', 'weil'.
positš 'wie'.

poštɛ Adv. 'unten', 'herab'. Aus lat. *post*.
prā 'also'.
prap 'zurück'; s. *pɛrapɛ*.
praptɛ cal., sic. 'hinten'.
prej Praep. 'von', 'aus'.
prenim scut. masc. 'Untergang'.
pres 'schneide', 'schlage ab'; Pass. *pritem*.
prɛ griech. Praep. = *pɛr*.
prɛgégem griech. 'antworte' = *pɛrgégem*.
priaštem scut. 'äusserst' = *pɛrjaštem*.
priš 'zerstöre', 'verwüste'.
pse 'warum?'
pšeh 'verberge' = *fšeh*.
pšehɛzazi 'heimlich'; vom vorigen.
puϑ 'küsse'.
punɛ fem. 'Arbeit', 'Mühe'.
punɛtór masc. 'Arbeiter'; vom vorigen.
punóń 'arbeite'; von *punɛ*.
puštét masc. 'Macht', 'Befehl'. Aus lat. *potestātem*.
puštrúm tɛ griech. 'Dach', von *puštróń* aus ngr. ἐπιστρώνω.
putɛrɛ cal. fem. 'Hure'. Aus ital. *puttana*.
püɛs püɛt 'frage. Aus lat. *peto*.

r.

radɛ fem. 'Reihe'. Aus ngr. ἀράδα (roman.).
reńí fem. 'Königreich'. Aus ital. *regno*.
rɛndɛ 'schwer'. Aus lat. *grandis*.

rɛzik masc. 'Gefahr'. Aus ital. *risico*.
rī 'jung', 'neu'.
ruań 'bewache', 'hüte', 'beschütze'.

r̄.

r̄ah 'schlage'.
r̄egɛrí cal. fem. 'Königreich'.
r̄ezɛ fem. 'Strahl'. Aus lat. *radius*.
r̄ɛfén 'erzähle'.
r̄ɛkón 'ächze'; geg. *nɛkój*, an*kój* aus *ɛnkón*, zu asl. *jęčati* 'seufzen', Wurzel *jɛnk- enk-*.
r̄ɛmbén 'raube'. Aus lat. *rapio*.
r̄ɛnɛ 'gefallen', Part. zu *bie*.
r̄i 'sitze', 'bleibe'.
r̄ieϑ 'fliesse', 'ströme', 'ströme zusammen', Wurzel *red-*.
r̄is r̄it 'ziehe auf'; r̄itɛm 'wachse auf'.
r̄obɛ fem. 'Kleid'. Aus ital. *roba*.
r̄ogɛ fem. 'Lohn'. Aus lat. *roga von *rogare*.
r̄ón 'lebe'.
r̄uań 'rasiere'. Aus lat. *rādere*.
r̄ufé fem. 'Blitz' = asl. *rofeja*, bulg. *rufja* 'Blitz'. Aus gr. ῥομφαία.

s.

s, sɛ 'nicht'. Aus lat. *dis-*: zunächst in Zusammensetzungen entstanden.
sa 'dass', consecutiv.
sadó 'obgleich'.
sadokɛ 'obgleich'.
sahát masc. 'Stunde'. Aus tü. *saat*.
sakakɛ 'sogleich'.

saktɛ 'sicher', 'erprobt'. Aus tü. *sahih*.
sapä́ 'wenn'.
se 'denn', 'weil'.
sekú 'wo'.
sempri cal. 'immer'. Aus ital. *sempre*.
sepetɛ fem. 'Korb', 'Koffer'. Aus tü. *sepet* 'Korb'.
sepsé 'weil'.
setśé 'dass'.
sī 'wie'.
siel 'bringe'.
sikundrɛ 'wie'.
sikǘr 'wie', 'als ob'.
simitɛ fem. 'Weissbrot'. Aus tü. *semid*.
sindɛkǘr 'wie'.
sipɛr 'über', 'darüber'.
sitśɛ 'wie'.
skamɛ fem. 'Armuth'. Von *s* 'nicht' und *kam* 'habe'.
skotáϑ masc. 'Finsterniss', best. *skotaδi*. Aus ngr. σκοτάδι.
sokɛlimɛ fem. 'Geschrei'.
sor̄ɛ fem. 'Krähe'. Vgl. friaul. *tśorɛ* 'cornacchia nera', dacorum. *tśoar̄ɛ*.
sos 'beendige'. Part. *sósurɛ* 'gelungen'. Pass. *sosem* 'kehre zurück'. Aus ngr. σώνω, Aor. ἔσωσα (auch rum. *sosí*, bulg. *sosaja* 'kommen').
sot 'heute'; aus *só-ditɛ 'diesen Tag'.
spɛndón 'gebe aus'. Aus ital. *spendere*.
stagua masc. 'Stock', best. *stagoi*.

stap masc. 'Stock', 'Stab'. Aus
bulg., serb. *stap* = asl.
stapъ (aus ahd. *stap*).

stapiture 'starr'.

stoli fem. 'Kleid'. Aus ngr.
στολή.

strehe fem. 'Dach'. Aus bulg.
strĕha, serb. *strehu* = asl.
strĕcha 'Dach', 'Dachvorsprung'.

strubir cal. 'verschwende'. Aus
ital. *strupare*.

suldát cal. masc. 'Soldat'. Aus
ital. *soldato*.

sūlem 'stürze mich'.

sulm masc., *sūlme* fem. 'Eile',
'Wucht'.

sümbule f. 'Knoten', 'Knospe'.
Vgl. ai. *çamba*-, gr. κόμβος.

superkiŏn cal. 'bleibe übrig'.
Aus ital. *superchiare*.

sü masc. 'Auge'.

š.

šăń 'verspotte'.

šasti fem. 'Schrecken'. Von
šastis 'erstaune'. Aus tü.
šašmak 'erstaunen'.

šekér masc. 'Zucker'. Aus tü.
šeker.

šeńe fem. 'Zeichen'. Aus lat.
signum.

šerbét masc. 'Sorbet'. Aus
tü. *šerbet*.

šes 'verkaufe'.

šekóń 'sehe', 'passe auf'.

šemetiare 'hässlich', 'schrecklich'.

šendóš 'mache gesund'. Vgl.
das folgende.

šendoše 'gesund'. Aus lat.
*sanitatosus.

šeńóń 'bestimme', s. *šeńe*.

šerbéń 'diene'. Aus lat. *servire*.

šerbés sic. masc. 'Dienst': von
šerbéń.

šeróń 'heile'. Aus lat. *sanare*.

šijóń 'gefalle'.

ši geg. masc. 'Hals'. Aus
serb., bulg. *šija* = asl. *šija*
'Hals'.

škale fem. 'Treppe', 'Stufe'.
Aus lat. *scala*.

škeľ 'trete', 'betrete'.

škoń 'gehe', 'gehe vorüber'.

škrepetim masc. 'Blitz'.

škroń 'schreibe', 'zeichne'.
Aus lat. *scribere*.

škurte fem. 'Loos'. Aus lat.
curtus.

škúrteze fem. 'Loos'; Deminutivum des vorigen.

škúpońe fem. 'Adler'.

šnoš scut. = *šendóš*.

šoh 'sehe'.

šok masc. 'Gefährte'. Aus lat.
socius.

šoḱ masc. 'Gatte', 'Ehemann'.
Aus lat. *socius*.

šoḱe fem. 'Gattin', 'Ehefrau'.
Aus lat. *socia*.

šokmešok 'nach einander'.

špese fem. 'Vogel'.

šper(n)dāń 'verschwende'; von
dāń s. d. mit *ex-per-*.

špetóń 'rette'. Aus lat. *expeditare*.

špetuas masc. 'Retter'. Vom
vorigen.

špie 'bringe'; s. *bie*.

špürt masc. 'Seele'. Aus lat.
spiritus.

štatɛ 'sieben'. Vgl. ai. *saptu* u. s. w.

štɛpí fem. 'Haus'. Aus lat. *hospitium*?

štɛn cal. Part. von *štiɛ*.

štiɛ 'werfe'. Vgl. gr. στέλλω, ahd. *stellan*.

*što*ń 'setze hinzu'.

štrofkɛ fem. 'Höhle'.

šukóń 'spähe', 'passe auf', = *šɛkóń*.

šumɛ 'viel'; Adv. 'sehr'. Aus lat. *summus*.

šurbisɛ fem. 'Dienst', 'Angelegenheit'. Zu *šerbéń*.

t.

ta cal. 'Vater', Abkürzung von *tatɛ*.

taks 'verspreche'. Aus ngr. τάσσω ἔταξα.

tani 'jetzt'. Aus ngr. τανῦν.

taśi 'jetzt'.

taśti 'jetzt'.

taśtinɛ 'jetzt'.

tatā̆r masc. 'Tatar'.

tatɛ masc. 'Vater'. Auch rum. *tatɛ*, bulg. *tati*, serb. *tata*. Vgl. ai. *tāta*, gr. τάτα, lat. *tata*.

te 'in', 'zu', 'an'.

tej 'über', 'jenseits'; *mɛ tej* 'weiter'.

tek 'da', 'weil'.

tékɛtɛ 'mich gelüstet', 'mir gefällt'. Vgl. serb. *tek* 'Geschmack', 'Appetit', nsl. *tɛkniti* 'schmecken', 'gedeihen'.

teku 'wo'.

tépɛrɛ 'sehr'.

tep(ɛ)róń 'bin im Überfluss'.

teré scut. Plur. 'Finsterniss'. Vgl. *erétɛ*.

tɛ 'dass', 'damit' = idg. *tod*.

tɛrbonem 'werde rasend', 'verrückt'. Aus lat. *turbare*.

tɛrɛ 'ganz'. Aus lat. *totānus, von *tōtus*.

tɛrhék 'ziehe'; s. *hek*.

ti 'du' = idg. *tu*.

tiégulɛ fem. 'Dach'. Aus ital. *tegola* 'Ziegel'.

tier 'spinne'. Vgl. lat. *torqueo*.

tietɛr 'anderer'. Mit festgewachsenem Artikel = asl. *jeterъ*, umbr. *etro-*.

torbɛ fem. 'Ranzen'. Aus tü. *torba*, rum. *tolbɛ*.

trapis trapit 'gehe hin und her'. Aus serb. *trapati* 'dahin schlendern'.

traśɛgóń 'erfreue', 'vergnüge', 'geniesse'. Aus lat. *transigere*.

tre masc., *tri* fem. 'drei'. Vgl. lat. *tres*, *tria* u. s. w.

tregóń 'erzähle' (richtiger *tregóń*). Aus lat. *tradere*.

tres tret 'schmelze'. Aus asl. *tъléti* 'corrumpi', bulg. *tléja* 'faulen' u. s. w.

tretɛ 'dritter'; von *tre*.

tremp 'zittere'. Aus lat. *tremo*.

trendafil masc. 'Rose'. Aus ngr. τριαντάφυλλον.

trim masc. 'Tapferer', 'Held', 'Jüngling', 'Geliebter'.

trimɛri fem. 'Tapferkeit'. Vom vorigen.

trimɛróń 'ermuthige'. Von *trim*.

trokis trokit 'klopfe'. Aus ital. *toccare*.
trū masc. 'Hirn', 'Gedanke'. Stamm *trur-*.
trup masc. 'Körper'. Aus bulg., serb. *trup* 'Körper', 'Rumpf'.
tue geg. = *tuke*.
tui scut. = *tue*.
tuke beim Part. 'während'.
tul masc. 'Weiches vom Brote'.
tunt 'schüttle'. Aus lat. *tundo*.
tŭrbulɛ 'trüb', 'reissend' (vom Flusse). Zu
turbulóń 'trübe', 'verwirre'. Aus lat. *turbulare*.
ture cal. = *tuke*.
turpe fem. 'Schande'. Aus lat. *turpia*, ntr. plur. von *turpis*.
tŭrpɛjɛ f. 'Schande', 'Scham'; s. das vorige.
turpɛróń 'beschäme'; von *turpe*.
tur̃em geg. 'laufe'. Aus serb. *turati, turiti* 'vor sich her stossen', 'werfen'.

ts.

tsa 'einige'.
tsapák 'etwas', 'ein wenig'; s. *pak*.
tserk cal. masc. 'Hals'.
tsɛtsɛris tsɛtsɛrit 'zwitschere'. Aus ngr. τερετίζω.
i tsilɛ 'welcher'. Gr. § 75.
tsmir masc. 'Streit'. Aus *ts-* = *s-* 'nicht' und serb., bulg. *mir* = asl. *mirъ* 'Friede'.
tsopɛ fem. 'Stückchen'.
tsuppár cal. 'breche aus' (von Krankheiten u. ä.). Aus cal. *scoppare* 'arrivare', 'sopraggiungere'. SCERBO Dial. cal. 134.

tš.

tšak als Verstärkung bei der Negation 'gar nicht'; serb. *čak* 'weithin', 'gar bis'.
tšap masc. 'Schritt'. Für *štap*, vgl. asl. *stopa* fem. 'Spur', 'Schritt'.
tšas masc. 'Zeit'. *ndɛ tšast* 'augenblicklich'. Aus serb. *čas* 'Augenblick', bulg. *čas* 'Augenblick', 'Zeit' = asl. *časъ*.
tšel scut. masc. 'Himmel' = *kiel*.
tšenturión scut., *tšɛnturiŭn* cal. sic. msc. 'Centurio', 'Hauptmann'. Aus ital. *centurione*, cal. sic. *centuriuni*.
tšɛ 'was für ein?' Gr. § 76. Aus rum. *tše*.
tšɛdó 'jeder'.
tšfak 'offenbare', 'entdecke'. Aus lat. *ex-* und *fake*, s. d.
tšfrūń 'schnaube', 'schneuze'. Aus *tš-* = lat. *ex-* und *friń*.
tši scut. = *kɛ* 'dass'.
tšikɛ, ńɛ tšikɛ 'ein wenig'. Aus ital. *cica* 'Brosame', 'Bischen'.
tšit scut. 'werfe', = *kit* aus lat. *citare*.
tškalkóń 'lade ab' = ital. *scaricare*. Vgl. *ngarkóń*.
tšoń 'finde'.
tšorɛ fem. 'Wucht', 'Gewalt', 'Heftigkeit' = *zor* bei Rossi (aus tü. *zor* 'Gewalt')?
tšpeit 'schnell'. Aus lat. *expeditus*.

tspɛrblẻṅ 'vergelte'. Aus *exper-* und *blë* 'kaufe'.
tspɛrblīm masc. 'Vergeltung'. Vom vorigen.
tšudí fem. 'Staunen', 'Wunder'. Von
tšudis 'setze in Erstaunen', *tšuditem* 'erstaune'. Aus serb. *čuditi se* 'sich wundern'.
tšuditšim 'erstaunlich'. Vom vorigen.
tšupɛ fem. 'Mädchen'; auch 'langes Kopfhaar'. Aus serb. *ćupa* 'Haarbüschel'. Vgl. ngr. τσούπρα 'Mädchen'.
tšupɛrí fem. 'Mädchenzeit'. Vom vorigen.
tšúpɛzɛ fem. 'Mädchen'; Deminutiv von *tšupɛ*.

u.

udɛ fem. 'Weg'. Vgl. lat. *vadum*, air. *ude* 'Reise'?
udɛtár masc. 'Wanderer', 'Reisender'. Vom vorigen.
udɛtóṅ 'reise'; von *udɛ*.
ujɛ masc. und ntr. 'Wasser'.
ulɛris 'heule'. Aus lat. *ululare*.
ulók 'gelähmt'. Slavisch, zu serb. *ulozi* (Stamm *ulog-*) 'Gliedergicht', bulg. *ulogarka* 'Krüppel'.
unazɛ fem. 'Ring'.
unɛ 'ich'. Aus lat. *ego + ne*.
uní geg. fem. 'Hunger' = *uri*, s. d.
unğíl masc. 'Evangelium'. Aus lat. *evangēlium*.
uṅem 'neige mich'.

urdɛnim geg. masc. 'Befehl'; s. *urdɛr*.
urdɛn-kindɛs geg. masc. 'Centurio', von *urdɛn* masc. 'Befehl' und *kint* 'hundert'.
urdɛr masc. 'Befehl'. Aus lat. *ordinem*.
urdɛrí cal. fem. 'Befehl'. Vom vorigen.
urdɛróṅ 'befehle'. Aus lat. *ordinare*.
urɛ fem. 'Brücke'.
uri fem. 'Hunger', geg. *uní*. Aus lat. *jejūnium*.
urẻṅ 'komme an' = *arīṅ*, s. d.
uróṅ 'danke'. Aus lat. *augurare*.
uškéṅ 'nähre', 'mäste'. Aus lat. *vesco(r)*.
uškṅešim geg. 'gemästet'. Vom vorigen.
ustɛtór masc. 'Soldat'. Zu rum. *oaste*, ital. *oste* 'Heer'. Aus lat. *hostis*.

ü.

ül masc. 'Stern', Plur. *üje*.
üzmetsár scut. masc. 'Diener'. Aus tü. χ*ezmetkar* 'Diener'.

v.

vā masc. 'Furt'. Aus lat. *vadum*.
vai scut. masc. 'Webgeschrei'.
vájɛzɛ fem. 'Mädchen'.
vale fem. 'Tanz'. Zu ital. *ballare*, ngr. βαλλίζω.
valɛ Adv. 'wohl', 'etwa'. Vgl. asl. *vole*, ahd. *wëla, wola*.
vápɛkɛ 'arm'; = *róbɛkɛ*, s. d.
vašɛ fem. 'Mädchen'.
vdékejɛ fem. 'Tod'; s. *rdes*.

vdes 'sterbe'.
vdirem 'gehe zu Grunde', von *dier-* = idg. *der*, gr. δείρω u. s. w.
vehte, s. *vétehe*.
vendós 'setze ein'. Von *vent*, *vent* masc. 'Ort'.
vérbere 'blind'. Aus lat. *orbus*.
vēre fem. 'Wein'. Vgl. gr. ƒοῖνος, lat. *vinum*.
veš masc. 'Ohr'. *mar̄ vešt* 'bemerke'. Vgl. lat. *auris*, lit. *ausis* u. s. w.
vésure fem. 'Kleid'; von *veš* 'kleide an' = idg. *ves-*.
vete 'gehe'. Aus lat. *vado*.
vétehe, *vehte* 'selbst'.
véteme 'einzig', 'allein'.
vetiu 'von selbst'.
vetše 'ausser'.
vē rē 'bemerke'.
vē 'lege'. Aus ngr. βάνω 'lege'.
veješim 'nützlich'; von *vejéń*.
vejefšim geg. 'werth'; von *vejéń*.
vejéiture 'werthvoll'; von *vejéń* 'nütze'. Aus lat. *valere*.
vejüere 'werth'; Part. von *vejéń*.
velā masc. 'Bruder'.
velám masc. 'Verbrüderter', 'Vertreter des Bräutigams beim Hochzeitsfest'.
vengerón 'schiele'; von *véngere* 'schielend'. Vgl. lit. *vingis* 'Bogen', 'Krümmung', ahd. *winchan* 'sich seitwärts bewegen', gr. ƒάγνυμι.
vere fem. 'Loch'.
vertete fem. 'Wahrheit'; als Adj. 'wahrhaftig'. Aus lat. *veritātem*.

vervét 'jage fort'.
veštiršim 'furchtbar', 'gewaltig'.
veštrón 'spähe', 'sehe'. Aus lat. *visitare*.
vī fem. 'Rinne', 'Furche'. Aus lat. *via*.
vieher̄ masc. 'Schwiegervater'. Vgl. asl. *svekrъ* u. s. w.
viehēre fem. 'Schwiegermutter'. Vom vorigen.
ciét masc. 'Jahr' = gr. ƒέτος, lat. *vetus*.
viétere 'alt'. Aus lat. *veterem*.
viń 'komme'. Aus lat. *venio*.
virǵerí f. 'Jungfrauenschaft'. Aus lat. *virginem*.
vitš masc. 'Kalb'. Vgl. ai. *vatsá-* 'Kalb'.
vlese fem. 'Verlobung'; von *vlüeń* 'verlobe'. Aus ngr. βλογῶ = εὐλογῶ.
vóbeke 'arm'. Aus serb. *ubog*.
rógele 'klein'.
vopezí fem. 'Armut'; s. *vóbeke*, *vápeke*.
vrap, *me vrap* 'schnell'.
vrapo Adv. 'schnell'.
vrapón 'eile', 'laufe'; von *vrap*.
vrures masc. 'Mörder'; s. *vras*.
vras 'töte'. Zu lat. *mor-ior* u. s. w.
vulá cal. masc. 'Bruder' = *velā*.

z.

zakón masc. 'Gewohnheit'. Aus bulg., serb. *zakon* = asl. *zakonъ*.
zapetóń 'bemächtige mich', 'ergreife'. Aus tü. *zabt* 'ergreifen'.

zbɛgatem 'werde reich'; von *bɛgát* 'reich'. Aus serb., bulg. *bogat*.

zboń 'jage fort'.

zbres 'steige herab' = *dзbres*. s. d.

zbut 'besänftige', s. *butɛ*.

zī masc. 'Stimme', Stamm *zīr-* = asl. *zvonъ*.

zē 'ergreife', 'fasse', 'fange an'.

zɛmbrɛ, zɛ́mɛrɛ fem. 'Herz'.

zɛmɛróń 'erzürne'.

zi, fem. *zezɛ* 'schwarz'.

zi fem. 'Hungersnoth'.

ziā̃r masc. 'Feuer'. Vgl. lit. *žarýjos* 'glühende Kohlen'.

zīlɛ fem. 'Schelle'. Aus tü. *zill* 'Zimbel', 'Teller bei der türkischen Musik'.

zilí fem. 'Eifersucht'. Aus ngr. ζήλεια.

zok masc. 'Junges der Vögel', Stamm *zog-*.

zońɛ fem. 'Frau'.

zot masc. 'Herr'. *jam i zoti* 'ich bin im Stande', 'würdig'.

zotɛri fem. 'Herrschaft', 'Befehl'. Vom vorigen.

zotóń 'verspreche'; von *zot*.